AF556995

lebe.jetzt
LIEBE BEZIEHUNG SEX

Arne Hoffmann

Cuckolding

Die Kunst der erotischen Erniedrigung

Erotik-Ratgeber

lebe.jetzt Hardcover
Band 540
1. Auflage: September 2023
2. Auflage: Mai 2025

Vollständige Buchausgabe
Originalausgabe

lebe.jetzt ist eine Marke von
© 2023 by blue panther books, Hamburg
All rights reserved

Lektorat:
Marie Gerlich

Umschlaggestaltung: www.heubach-media.de
gesetzt in der Trajan Pro,
Adobe Garamond Pro & Corporate S

Printed in Germany
ISBN 978-3-7561-4900-1

www.blue-panther-books.de
Hersteller: blue panther books oHG
Osterfeldstrasse 12-14 | 22529 Hamburg | Deutschland
E-Mail: info@blue-panther-books.de

Inhalt

Vorwort

Die Vorstellung, dass dein Partner nicht nur mit einem anderen Menschen ins Bett geht, sondern sich vielleicht noch mit ihm über dich lustig macht, ist für die meisten Menschen ein Albtraum. Aber sexuelle Neigungen und Vorlieben haben mitunter eine ganz eigene Logik. Deshalb finden viele Menschen die gezielte Untreue ihres Partners – und sogar die damit oft verbundene Demütigung – als besonders erregend. Mehr noch: Aus dieser Konstellation hat sich eine eigene sexuelle Praktik entwickelt: das Cuckolding, das längst nicht mehr nur von einer kleinen Minderheit genossen wird, sondern seit mehreren Jahren zunehmend im Trend liegt. Deshalb berichten inzwischen auch renommierte Zeitschriften wie *Cosmopolitan*, *GQ*, *Jolie*, die *Bunte* und viele andere darüber. Was noch vor einiger Zeit als so befremdlich wirkte, dass mancher eine solche Neigung nur ungern zugab, hat sich zu einer erotischen Spielart entwickelt, die für viele Menschen reizvoll geworden ist.

Die Betreiberin eines US-amerikanischen Cuckold-Podcasts beschreibt diese Spielart treffend als »liebevolle, einvernehmliche, einseitig offene Beziehung«. Sie weist auch darauf hin, dass die allermeisten

Cuckolds (also diejenigen, die es hinnehmen, dass ihr Partner mit anderen ins Bett geht) Männer sind: »Es ist selten, dass man auf eine Frau trifft, die es erregt, wenn ihr Mann oder Freund mit anderen Frauen schläft. Ich habe im Laufe der Jahre Hunderte von Briefen von Männern erhalten, die Cuckolds sein wollten, aber nur eine Handvoll Briefe von Frauen.«[1]

Etliche Bücher, Artikel und Websites zeigen dasselbe Ungleichgewicht. Dieser Ratgeber richtet sich zwar, wo immer es möglich ist, an beide Geschlechter und die unterschiedlichen Personen im Dreieck Cuckold, dessen Partner und seinem Lover. Ein leichtes Übergewicht gibt es aber doch zugunsten eines Mannes in der Rolle des Cuckolds.

Egal welches Geschlecht du hast und welche Rolle du in einer Cuckold-Beziehung spielst: Ich wünsche dir, dass du mit dieser Spielart eine Möglichkeit findest, deine Sexualität so zu leben, dass du damit glücklich und befriedigt bist.

Welche Varianten von Cuckolding gibt es?

Nicht jede Form von Cuckolding ist gleich. Tatsächlich bietet ein solches Arrangement eine Bandbreite von großer Vielfalt, je nachdem mit welchen anderen sexuellen Spielarten man sie verbindet. Dementsprechend kann der Reiz, den viele Menschen beim Cuckolding spüren, sehr unterschiedliche Quellen haben. Einige Beispiele:

Geht man vor allem nach den Szenarios und Fantasien, die in Büchern und online veröffentlicht werden, spricht Cuckolding vor allem Menschen an, die Lust durch sexuelle Demütigung empfinden. Es ist ausgesprochen erniedrigend, wenn sich die Partnerin eines Mannes einen Lover nimmt, weil ihr eigentlicher Partner sie nicht befriedigen kann und sie ihm das auch noch immer wieder unter die Nase reibt. Dabei können die Gründe für seine angebliche Unzulänglichkeit verschieden sein: Beispielsweise kann es dabei um körperliche Stärke und Attraktivität gehen, aber noch demütigender ist ein angebliches Unvermögen, den Ansprüchen der Partnerin im Bett zu genügen, etwa bezogen auf die Penisgröße des festen Partners, die Zuverlässigkeit seiner Erektion, seine sexuelle Leistungsfähigkeit, seine Fähigkeiten beim Liebesspiel, sein Durchhaltevermögen und dergleichen mehr. Der Reiz des Cuckolding besteht für den angeblich minderwertigen Partner darin, dass diese echten oder auch nur fantasierten Schwächen nicht ausgeglichen, sondern besonders hervorgehoben werden, worauf sich zum Beispiel seine Partnerin einen besser bestückten Lover sucht und ihrem Partner immer wieder von der Überlegenheit dieses Lovers berichtet (»Er kann es mir sooo viel besser besorgen als du!«).[2]

Ist der Cuckold weiblich, läuft ein ganz ähnlicher Mechanismus ab: Ihr Partner würde einer solchen Frau etwa unter die Nase reiben, dass die Liebhaberin jünger, hübscher und im Bett fantasievoller und leidenschaftlicher ist.

Dieses Machtgefälle kann auf verschiedene Weise verstärkt werden: Beim Femdom etwa ist die Partnerin, die sich einen Lover genommen hat, grundsätzlich in der dominanten Position und kann ihrem Partner Befehle erteilen, ihn fesseln oder bestrafen. Bei der sogenannten Sissyfication gilt der Partner als derart unzureichend, was seine Qualitäten als Mann angeht, dass er vollständig in die Rolle einer Frau zu schlüpfen hat, also etwa enge Kleider tragen muss, Minis, mädchenhafte Unterwäsche, Rüschenslips, Tüllröcke und übertriebenes Make-up. Unter Umständen hat er sich dann auch so zu verhalten, wie es eine schwache, unterwürfige Frau tun würde. Seine Männlichkeit wird dabei weitgehend ausradiert.[3]

Einige mögliche Wege, wie man Cuckolding unterschiedlich gestalten kann, sind diese:

- Das Cuckolding ist nur ein beschränktes Rollenspiel oder aber grundsätzliches Element der Beziehung.

- Die Partnerin hat einen festen Liebhaber oder trifft sich mit wechselnden Männern.

- Die Partnerin trifft sich allein mit ihrem Lover oder ihr Cuckold muss ständig dabei sein, also auch beim Sex.

- Zum Arrangement können die Keuschhaltung des Partners beziehungsweise nur eine beschränkte Zahl erlaubter Orgasmen gehören.

- Das Cuckolding kann dadurch emotional verstärkt werden, dass ein Lover anderer Hautfarbe gewählt wird. Geht man nach US-amerikanischen Erotika, scheint es viele weiße Männer besonders zu erregen, wenn sich ihre Partnerin einen schwarzen Lover nimmt.

- Der Lover kann selbst eine dominante Rolle gegenüber dem Cuckold und/oder seiner Partnerin einnehmen und entsprechende Anweisungen erteilen.[4]

Weil das Arrangement mit dem erniedrigten Partner das häufigste sein dürfte, wird es auch vorrangig in diesem Ratgeber behandelt. Man sollte allerdings nicht übersehen, dass es noch zwei weitere Hauptvarianten des Cuckolding gibt:

- Manche männliche Cuckolds übernehmen insofern den dominanten Part, als sie sehr genau vorgeben, was ihre Partnerin zu tun hat, wenn sie sich mit ihrem Lover trifft. Sie sind dann nur scheinbar gedemütigt und kontrollieren in Wahrheit Drehbuch und Choreografie des Geschehens. Nicht jede Frau ist von der Rolle angetan, die sie in dieser Inszenierung spielen soll.[5]

- In anderen Fällen genießt es der Cuckold ganz selbstbewusst und ohne sich dadurch erniedrigt zu fühlen, wenn sich seine Partnerin mit einem anderen Mann in den Laken rekelt. Er freut sich ehrlich darüber, wenn seine Partnerin all ihre sexuelle Wünsche verwirklichen kann, also etwa von einem Mann mit großem Penis, anderer Hautfarbe oder mehreren Männern zugleich beglückt wird, und er liebt es, sie in solchen Situationen glücklich zu erleben.[6]

Je nachdem, welche dieser Cuckold-Spielarten deiner Vorliebe am ehesten entspricht, kann es sinnvoll sein, dir einen Ratgeber zu besorgen, der in derselben Reihe erschienen ist wie dieses Buch, etwa zu Themen wie »Dominanz«, »Unterwerfung«, »Femdom«, »Keuschhaltung«, »erotische Demütigungen« oder »Dreier & Swinging«. In all diesen Ratgebern findest du zahlreiche vertiefende Tipps und Ideen zu diesen Facetten, die auch beim Cuckolding eine Rolle spielen können.

Wie beliebt und verbreitet ist Cuckolding?

Sexuelle Lust daran empfinden, dass der eigene Partner mit jemand anderem ins Bett geht: Für viele von uns ist dieser Gedanke neu und fremd, und wir können uns deshalb nur vorstellen, dass lediglich Freaks und Sonderlinge Gefallen daran finden. Das wiederum kann uns Angst davor machen, uns selbst näher mit dieser Spielart zu beschäftigen. Tatsächlich ist dieses Faible jedoch verbreiteter, als mancher glauben mag.

Der US-amerikanische Psychologe und Sexualberater David Ley erklärt in der populärwissenschaftlichen Zeitschrift »Psychology Today« anschaulich, wie er seinen eigenen Horizont in dieser Hinsicht erweiterte:

»Meine erste Reaktion war die Annahme, dass diese Praxis auf ungesunde Beziehungen, gestörte Bindungen und sexuelle Probleme zurückzuführen sei. Nichts war weiter von der Wahrheit entfernt. Als ich Menschen auf der ganzen Welt befragte, die diese Praktiken ausübten, stellte ich fest, dass die meisten von ihnen gesunde Menschen waren, die ihre sexuellen Wünsche erforschten und sich mit Tabus und Scham auseinandersetzten. Ich war gezwungen, mich mit dem Ausmaß an Moralisierung und Voreingenommenheit auseinanderzusetzen, das in

mein klinisches Denken eingedrungen war und mein Urteilsvermögen getrübt hatte.«[7]

Wie Ley dem Sender *CNN* berichtete, fand er keinen Grund, der Menschen davon abhalten könnte, sich auf dieses erotische Vergnügen einzulassen. »Insgesamt haben unsere Untersuchungen ergeben, dass es sich beim Cuckolding in den meisten Fällen um eine positive Fantasie und ein positives Verhalten handelt. Es scheint kein Beweis für eine Störung, eine ungesunde Beziehung oder eine Missachtung des Partners zu sein.«[8]

Als zentrales Werk, das aufschlüsselt, wie stark Cuckolding verbreitet ist, nennt David Ley das 2018 erschienene Buch »Tell Me What You Want« des Sozialpsychologen Justin Lehmiller.[9] Der fand durch die Befragung Tausender Amerikaner heraus, dass über Cuckolding damals zwar nicht so viel gesprochen wurde wie über andere Spielarten, dass jedoch entsprechende Fantasien weit verbreitet waren: 26 Prozent der heterosexuellen Frauen und 52 Prozent der heterosexuellen Männer gaben sich gern solchen Tagträumen hin. Auf der von ihren Benutzern geprägten Nachrichten- und Diskussionsplattform *Reddit* im Internet gibt es mehrere Bereiche zu diesem Thema, die jeweils Zehntausende von Mitgliedern haben.[10]

Andere Untersuchungen weisen in eine ähnliche Richtung:

- Als Neurologen der Universität Boston 55 Millionen Sex-Suchanfragen von Männern und Frauen weltweit auswerteten, zeigte sich, dass Cuckolding auf Platz zwei der am häufigsten gesuchten Schlagwörter auf pornografischen Websites liegt.[11] Einige Jahre später konnte ein Bericht der Website *Pornhub* dieses starke Interesse bestätigen: Demnach suchten dort jeden Monat 1,75 Millionen Menschen nach irgendeiner Variante des Begriffs »Cuckolding« – mit stark steigender Tendenz.[12]

- Bei einer Umfrage der Schweizer Tageszeitung *20 Minuten* gaben 12 Prozent der Befragten an, dass sie Cuckolding mindestens schon einmal ausprobiert haben. Weitere 18 Prozent würden es mit diesem Sextrend gern einmal versuchen.[13] Insgesamt zeigt also fast jeder Dritte ernsthaftes Interesse am Cuckolding. Man darf darüber spekulieren, wie viele Menschen es erst wären, wenn über Cuckolding genauso intensiv berichtet und diese Praktik in Filmen ebenso gezeigt

> würde, wie das beispielsweise bei Fesselspielen der Fall ist. Womöglich fehlt Cuckolding nur eine Roman- und Filmreihe analog zu »50 Shades of Grey«, um dieses Faible endgültig salonfähig zu machen.

Auch Sexarbeiter, ob weiblich oder männlich, wissen davon zu erzählen, wie beliebt derartige Inszenierungen sind. So berichtet das Magazin *Focus* über die Escort-Dame Hayley Jade, deren Kunden ihr oft beim Sex mit einem anderen Mann zusehen wollen, und über einen männlichen Escort, der Sex mit einer weiblichen Kollegin hat, während der Kunde zusieht – häufig gefesselt und hilflos. Manche dieser Kunden tragen Keuschheitsgürtel oder Penis-Käfige und dürfen sich bis zum Ende der Szene nicht anfassen.[14]

Was finden Menschen so reizvoll am Cuckolding?

Du weißt jetzt also, dass Cuckolding überaus beliebt ist und die Begeisterung an dieser Spielart mit ihrer wachsenden Bekanntheit steigt. Aber womöglich fragst du dich immer noch, was derart viele Menschen so toll daran finden, dass sich ihr Partner einen Lover nimmt und sie sogar noch damit verhöhnt. Tatsächlich gibt es eine ganze Reihe von Gründen, und bei verschiedenen Menschen spielen unterschiedliche Motive eine Rolle, von denen mehrere überlappen können:[15]

- Der Cuckold hat Freude daran, dass sein Partner Vergnügen empfindet. Grundsätzlich ist es beim Sex ja nicht ungewöhnlich, dass die eigene Lust steigt, wenn man sieht, wie erregt der Partner ist. Es geht uns häufig selbst gut, wenn wir jemand anderem etwas Gutes tun und ihn verwöhnen.

- Wenn ein Partner einen viel stärkeren sexuellen Appetit hat als der andere, kann Cuckolding eine Lösung darstellen.

- Der Sexualforscherin Dr. Laurel Steinberg zufolge wird das Selbstbewusstsein mancher Menschen gestärkt, wenn sie sehen, dass ihr Partner von anderen als attraktiv und begehrenswert wahrgenommen wird.[16]

- Manche Menschen wollen mit Cuckolding die langweilig gewordene sexuelle Routine ihres Alltags aufbrechen. Für den Partner, der sich einen Liebhaber nimmt, liefert dieser Lover die neue Erfahrung, der Cuckold hingegen kann so lernen, welche anderen Berührungen als die gewohnten der Partner genießen kann.[17]

- Für andere Menschen stellt Cuckolding eine Möglichkeit dar, einen »eigenen Live-Porno« zu entwickeln, also zu großen Teilen Drehbuchautor, Regisseur und eventuell Nebendarsteller der eigenen privaten Sex-Show zu sein. Ihr Voyeurismus wird dabei so stark befriedigt wie bei kaum einer anderen Spielart.

- Was »verboten« ist, macht uns oft besonders scharf. Während unsere Gesellschaft in den letzten Jahrzehnten immer offener geworden ist, was sexuelle Spielarten angeht, hat Cuckolding bislang den Ruch des Tabus bewahrt.[18] »In einer Kultur, die überwiegend monogam ist, kann sich Cuckolding (in der Fantasie oder im wirklichen Leben) so anfühlen, als würde man die Grenzen dessen überschreiten, was die Gesellschaft für okay hält«, erklärt die Sexualtherapeutin Kate Balestrier. »Die Grenzen zu überschreiten und Dinge zu tun, die nicht erlaubt sind, kann der Erregung ein Element der Angst und des Adrenalins hinzufügen, was die Erregung steigert.«[19]

- Die menschliche Psyche ist in der Lage, starke emotionale Erfahrungen zu verarbeiten, indem sie diese Gefühle zu sexueller Lust umdeutet. Die Eifersucht auf einen Liebhaber des Partners und die damit verbundenen Ängste stellen dafür einen idealen Nährboden dar. Die Ängste führen zu einer stärkeren nervlichen Anspannung und zur Ausschüttung von Hormonen wie Adrenalin, was einen andauernden Erregungszustand bedeutet. Da Cuckolding auf sexueller Ebene stattfindet, schlägt diese Erregung in sexuelle Lust um.[20]

- Weil Cuckolding oft nur dann für beide Partner erfüllend ist, wenn sie sich über ihre Wünsche und Tabus unterhalten, verstärkt diese Praktik die Kommunikation über sexuelle Themen. So berichtet die Zeitschrift *Cosmopolitan*: »Paare, die Cuckolding ausprobiert haben, berichten oft, dass es die Bindung zwischen ihnen stärkt, da sie sich gegenseitig vertrauen und offen über ihre Wünsche sprechen können.«[21]

- Oft erlaubt es Cuckolding einem Menschen, auf indirekte Weise gleichgeschlechtlichen Sex wenigstens ansatzweise zu erforschen – vor allem, wenn das Cuckolding durch »erzwungene Bisexualität« erweitert wird, der Cuckold sich also dem Liebhaber seiner Partnerin ebenfalls zu widmen hat. Dass der betreffende Mann dies scheinbar nicht freiwillig tut, macht es ihm leichter, seine Hemmungen in diesem Bereich zu überwinden.[22] Ist der Cuckold weiblich, kann es ebenfalls zu einer erotischen Spannung mit der Geliebten des Partners kommen.

- Für Menschen, die sich gern unterwerfen und demütigen lassen, kann Cuckolding die Zuspitzung ihrer Lust daran darstellen. Wenig ist erniedrigender, als von einem scheinbar attraktiveren Menschen im Bett ersetzt zu werden. Häufig wird Cuckolding deshalb mit anderen SM-Elementen wie Fesseln, Keuschhaltung und Sklavendiensten vermischt.

Wie bringe ich meinen Partner zum Cuckolding?

Wenn du Cuckolding gern ausprobieren möchtest und Single bist, besteht die einfachste Möglichkeit darin, auf Kontaktportalen oder mittels einer speziellen App[23] nach jemandem zu suchen, dessen eigene sexuelle Vorlieben dazu passen. Wie aber gehst du am besten vor, wenn du schon einen Partner hast und ihn vom Reiz dieser noch immer etwas ungewöhnlichen Spielart überzeugen möchtest?

In vielen Fällen ist es hilfreich, wenn du dabei auf die folgenden Dinge achtest:

- Wähle den Zeitpunkt für ein solches Gespräch mit Bedacht. Günstig ist es, wenn es keinen Zeitdruck gibt und ihr beide in guter Stimmung seid. Vielleicht möchtest du dich auch erst einmal vergewissern, ob dein Partner gerade bereit ist, sich mit dir über deine sexuellen Wünsche und Fantasien zu unterhalten. [24]

- Du kannst ein solches Gespräch vorbereiten: etwa indem du in der entspannten Stimmung nach dem Sex über entsprechende Fantasien plauderst oder indem du berichtest, einen

Beitrag über Cuckolding gesehen oder gehört zu haben, und dann auf die Reaktion deines Partners achtest. Dadurch weißt du schon etwas besser, woran du in dieser Hinsicht bei ihm bist.[25]

- Versuche nicht, deinen Partner zu etwas zu überreden, auf das er nicht steht, oder ihn entsprechend zu manipulieren. Bei sexuellen Handlungen muss jeder aus freien Stücken seine Zustimmung geben. Dränge ihn auch nicht, wenn er Zeit braucht, darüber nachzudenken. Die Wahrscheinlichkeit ist hoch, dass er diese Zeit benötigt, weil er bisher in seinem ganzen Leben noch nicht mit Cuckolding in Berührung gekommen ist und deinen Vorschlag deshalb erst mal verarbeiten muss. Schließlich geht es dabei um eine recht starke Veränderung eurer Partnerschaft.[26]

- Hat sich dein Partner schon mal mit dir auf erotische Aktivitäten eingelassen, die ein wenig verwegen waren (zum Beispiel Sex an einem öffentlich zugänglichen Ort)? Dann lobe diese Seite seiner Persönlichkeit und erkläre, wie anziehend du sie findest. Wenn du deinem Partner hierfür gebührende Anerkennung zollst, kannst du dieses Verhalten bei ihm verstärken.[27]

- Schildere so genau wie möglich, worauf du eigentlich aus bist und worauf nicht. Möchtest du deinem Partner beim Sex zuschauen? Soll er dir stattdessen jedes Detail haarklein erzählen? Wollt ihr beide die dritte Person gemeinsam aussuchen? Möchtest du gedemütigt werden? Mit der Hilfe dieses Ratgebers kannst du Punkt für Punkt durchgehen, was dir konkret vorschwebt.[28]

- Du bist nicht verpflichtet, von jetzt auf gleich in die Vollen zu gehen, also sofort mit Cuckolding einzusteigen. Stattdessen kannst du auch erst mal kleinere Schritte wie Femdom, Keuschhaltung oder Swingen vorschlagen – je nachdem, in welche Richtung Cuckolding bei dir geht. Kommt dein Partner damit gut zurecht und macht es euch beiden Spaß? Dann ist es zum Cuckolding nicht mehr ganz so weit.[29]

Die Partnerin eines Cuckolds empfiehlt, einen Menschen auf folgende Weise Schritt für Schritt an diese Praktik heranzuführen:

- *»Mach deinen ersten Dreier, beziehe deinen Mann mit ein, mach es zu einem Dreier für euch beide. Ihr müsst euch beide wohlfühlen und wissen, was ein Dreier mit sich bringt.*

- *Lass deinen Mann beim nächsten Mal aus der Ecke des Zimmers zusehen.*

- *Dann lass deinen Mann in einem anderen Zimmer warten und dabei zuhören, wie du den besten Sex deines Lebens hast.*

- *Als Nächstes lässt du ihn im Auto warten und über das Telefon zuhören, wie du gefickt wirst.*

- *Jetzt ist es Zeit, Sex zu haben und ihm danach einfach davon zu erzählen.*

- *Lass ihn dich sauber machen, nachdem dein Lover gegangen ist.*

- *Jetzt lasse ich ihn meine Hand halten und mein Haar streicheln, während ich einen netten, schönen Kerl ficke.«*[30]

So heruntererzählt wirkt dieses Vorgehen womöglich manipulativ, aber wenn zwischen den einzelnen Stationen dieser Reise ausreichend Kommunikation stattfindet, kann diese Strategie durchaus glücken. Sie ähnelt der schrittweisen Methode, mit der Menschen bestimmte Ängste erfolgreich in den Griff bekommen, und auch die Scheu vieler Menschen vor Cuckolding ist oft durch Angst bestimmt. Allerdings sollte dir klar sein, dass dein Partner bei dieser geplanten Eskalation vielleicht nicht jede neue Stufe mitmachen möchte, sondern irgendwann innehält.

In einem der folgenden Kapitel, werde ich noch genauer erklären, wie ein ganz allmählicher Einstieg ins Cuckolding ablaufen kann.

Rechne damit, dass dein Partner zunächst Einwände gegen deinen Vorschlag erhebt. Dafür kann es sogar zwei gute Gründe geben:

- So wie meisten Menschen wurde er dazu erzogen, Dinge wie sexuelle Vorsicht, Privatsphäre, Monogamie und Respekt zu schätzen. Daran festzuhalten, vermittelt Sicherheit und Geborgenheit. Das bedeutet, dass Dinge wie Untreue, Promiskuität und offene Beziehungen erst einmal Furcht auslösen. Eine spontane Ablehnung deiner Fantasie kannst du insofern sogar als gutes Zeichen deuten: Deinem Partner ist eure Beziehung offenbar wichtig und er möchte sie nicht gefährden. Das bietet euch überhaupt erst das starke Fundament für gewagte Experimente.[31]

- Dein Partner könnte auf den Gedanken kommen, dass du ihm nur deshalb erlauben möchtest, mit einer dritten Person die Laken zu teilen, weil du selbst im Gegenzug mit jemand anderem schlafen möchtest. Einen anderen Grund kann er sich für deinen ungewöhnlichen Vorschlag gar nicht vorstellen. Also wird er misstrauisch und hält deinen Vorstoß für einen Trick.[32]

Wenn du auf letztere, naheliegende Reaktion stößt, helfen dir folgende Dinge, damit umzugehen:

- Mach deinem Partner als Erstes überdeutlich klar, dass du keinerlei Interesse daran hast, mit jemand anderem zu schlafen. Er muss dir in diesem Punkt zu hundert Prozent vertrauen, also sag es nicht nur einmal, sondern mehrfach und auf verschiedene Arten.

- Erkläre deinem Partner genau, was dich in Wirklichkeit konkret an Cuckolding fasziniert – etwa mit der Hilfe des entsprechenden Kapitels in diesem Ratgeber. Wenn du das glaubhaft vermittelst, dürfte es dein Partner verstehen und ist nicht mehr auf wilde Spekulationen angewiesen.

- Erkläre deinem Partner, dass das Cuckolding seine sexuelle Selbstbestimmung stärken kann. Mache ihm schmackhaft, dass es für ihn eine positive Erfahrung sein kann, seine Sexualität mit anderen zu erforschen und dich gleichzeitig mit einzubeziehen. Öffne ihm die Aussicht darauf, dass dieses Geschenk eure Beziehung zu neuen Höhen der Liebe und des Vertrauens führen kann. Stelle klar, dass du mit ihm gemeinsam entscheiden möchtest, wie eure Reise in noch unbekannte erotische Gefilde aussehen soll, wer als Reisebegleiter mitgenommen wird, wann und ob ihr eine Pause einlegt und wie lange diese Reise dauern soll.[33]

Wenn du dich besonders schwer damit tust, deinen Partner darauf anzusprechen, dass du gern mal Cuckolding probieren möchtest, könnte dir mein Ratgeber »Schatz, ich bin ein Ferkel« weiterhelfen.[34] Darin erkläre ich viel ausführlicher, als ich das in einem kurzen Kapitel wie diesem kann, wie man seinem Partner am geschicktesten ungewöhnliche sexuelle Vorlieben vermittelt.

Wie kann ich reagieren, wenn mein Partner mir Cuckolding vorschlägt?

Dieses Kapitel führt uns zu der Frage: Was ist, wenn du derjenige bist, dessen Partner das Thema Cuckolding zur Sprache bringt – auf welchem Weg auch immer, vielleicht sogar, indem er dir diesen Ratgeber zeigt.

Ein erster sinnvoller Schritt kann darin bestehen, dass du dich über dieses Thema informierst. Dafür findest du auf den Seiten dieses Buches die wichtigsten Fakten. So lernst du zum Beispiel, dass dein Partner keineswegs ein Fall für den Therapeuten ist, sondern dass er das Interesse an dieser Spielart mit einer großen, ständig wachsenden Zahl von Menschen teilt. Erst nachdem du einigermaßen Bescheid weißt, worum es überhaupt geht, macht es Sinn, Ja oder Nein zu diesem Vorschlag zu sagen.

Dabei solltest du aber nicht nur klären, was Cuckolding generell bedeutet, sondern vor allem, welche Facetten dieser Spielart für deinen Partner besonders reizvoll sind. Wie du siehst, gibt es die verschiedensten Möglichkeiten, individuelle Schwerpunkte zu legen. Was genau entfacht die Lust deines Partners? Wenn er dir und einer dritten Person beim Sex zusehen muss beziehungsweise darf, wenn er dich für deine Dates mit einer anderen Person vorbereiten muss, indem er dir reizvolle Wäsche kauft, oder was sonst?

Wichtig ist auch, vorab zu klären, was dein Partner auf keinen Fall erleben möchte, wo also seine Grenzen verlaufen. So vermeidest du, dass du ihn verletzt, obwohl du eigentlich nur seine Fantasien Wirklichkeit werden lassen möchtest.[35]

Aber natürlich kann es nicht allein darum gehen, dass du die erotischen Träume deines Partners befriedigst und eine Rolle in dem Stück spielst, dessen Drehbuch er verfasst – deine eigene Lust sollte auch nicht zu kurz kommen. Du bist also in der Situation, erst einmal deine eigenen Bedürfnisse zu erforschen und zu überlegen, was an dem vorgeschlagenen Szenario erfüllend für dich sein könnte. Hier kann es helfen, wenn du mit Menschen darüber sprichst, die Erfahrung mit diesem Lebensstil haben. Vielleicht können dir diese Menschen auch helfen, über Ängste zu sprechen, die in dir aufsteigen. Zum Beispiel: Was ist, wenn einer von euch emotional nicht mit diesem Arrangement klarkommt? Was ist, wenn ihr damit eure Beziehung in Gefahr bringt? Was ist, wenn Außenstehende dich für ein Schwein beziehungsweise eine Schlampe halten, weil sie mitbekommen, dass du deinen Partner mit jemand anderem »betrügst«? Menschen, die im Cuckolding erfahrener sind, können dir fehlende Selbstsicherheit geben und dir bei Problemen all die Unterstützung liefern, die du benötigst.[36]

Websites und Foren, wo Menschen veröffentlichen, die Cuckolding praktizieren, findest du mit wenig Suchen im Internet.[37] Wenn du einigermaßen gut englisch lesen und schreiben kannst, ist deine Auswahl noch größer. Zur Not findest du auch Ansprechpartner in Bereichen, die ans Cuckolding grenzen, also etwa auf Seiten zu SM-Aktivitäten wie *Sklavenzentrale* oder auf Seiten zu Swinging und Partnertausch wie *Augenweide*.

Was sind die Grundregeln, damit Cuckolding funktioniert?

Wie ich zuvor schon erklärt habe, stellt Cuckolding in den meisten Fällen ein positives Verhalten dar und ist kein Anzeichen für eine Störung, eine ungesunde Beziehung oder eine Missachtung des Partners. Der Sozialpsychologe Justin Lehmiller, der diese Vorliebe in seinem oben erwähnten Buch untersuchte, weist jedoch auf einen Vorbehalt hin: »Wir haben mehrere Persönlichkeitsfaktoren gefunden, die positivere Erfahrungen beim Ausleben von Cuckolding-Fantasien vorhersagen. Für diejenigen, die viel Beziehungsangst oder Verlassenheitsprobleme haben, denen es an Intimität und Kommunikation mangelt und die keine sorgfältigen, detailorientierten Planer sind, könnte das Ausleben einer einvernehmlichen nicht-monogamen Fantasie sehr wohl eine negative Erfahrung sein.«[38]

Die Sexualtherapeutin Megan Pollock rät deshalb dazu, Cuckolding erst einmal langsam anzugehen, statt kopfüber ins kalte Wasser zu springen. Kopfkino und Realität stimmen häufig nicht überein: Für manche Menschen kann sich die Vorstellung, dass ihr Partner Sex mit einer anderen Person hat, ganz anders anfühlen, als wenn sie ihn tatsächlich beim Sex mit einer anderen Person beobachten.[39] Dein Partner zeigt dir, dass er von einem anderen Menschen ebenfalls sexuell erregt wird, und hat bei ihm wegen der emotionalen Wucht eures Arrangements vielleicht sogar heftigere Orgasmen als unter deinen Berührungen. Du siehst mit einigem Abstand dabei zu, wie diese Person, die dir vielleicht in mancher Hinsicht überlegen ist, den Körper deines Partners erkundet, während dein Partner diese Person so behandelt, wie du selbst es dir wünschen würdest.[40] Das alles kann dich emotional sehr aufwühlen.

Insofern ist es hilfreich, wenn du und dein Partner euch mithilfe dieses Ratgebers genau anschaut, worauf ihr beim Cuckolding achten solltet, um dann gründlich zu überlegen, ob diese Praktik für euch wirklich infrage kommt.

Cuckolding sei ein Wechselbad intensiver Gefühle, berichtet *Venus*, die zu diesem Thema einen Podcast betreibt. »In der einen Minute kann es sich großartig anfühlen und in der nächsten erschreckend.« Deshalb sollte man sich besser von Anfang an auf solche Höhen und Tiefen einstellen.[41] Wem das zu großes Unbehagen bereitet, der sollte vielleicht die Finger davon lassen.

Wenn man sich von solchen Warnungen nicht abschrecken lässt, sollte man zumindest das Tempo drosseln – das rät auch David Ley:

»Leider idealisieren viele Menschen ihre Fantasie so sehr, dass sie überrascht sind, wenn sie starke, unerwartete Reaktionen erleben, sobald sie versuchen, diese Fantasie in die Realität umzusetzen. Ich schlage daher vor, dass Paare ihre Zehen in das Wasser tauchen und sanfte, langsame Wege finden, um diese Fantasien zu erkunden, mit viel Raum für Rückfragen und Kommunikation über Gefühle, Reaktionen und Ängste.«[42]

Genau darin liegt auch für die Podcasterin *Venus* der Schlüssel zum Erfolg:

»Es ist nicht leicht, sich von einem schlechten Dreier zu erholen, der versehentlich Eifersuchtsgefühle ausgelöst hat, aber es ist machbar. Eine schlechte erste Erfahrung mit Cuckolding – bei der typischerweise eine Person eifersüchtig und/oder unzulänglich gemacht werden will – kann eine Beziehung zerstören. Zu lernen, wo die Grenze zwischen ›guten/schlechten‹ Gefühlen (sexy Eifersucht) und ›schlechten/schlechten‹ Gefühlen (unsexy Eifersucht) verläuft, braucht Zeit und nicht nur gute Kommunikation, sondern exzessive Kommunikation.«[43]

Zu dieser Kommunikation kann es gehören, die folgenden Fragen für euch zu klären:

- Was genau erwartet jeder von euch vom Cuckolding? Was macht euch an dieser Spielart an? Nicht ohne Grund zeigt ein Kapitel dieses Buches, dass es hier ganz unterschiedliche Vorstellungen gibt. Wenn einer von euch findet, der Cuckold sollte beherrscht und gedemütigt werden, während der andere der Auffassung ist, der Cuckold sollte komplett über das Verhalten seines Partners bestimmen dürfen, sind vermutlich längere Verhandlungen nötig, wie jeder auf seine Kosten kommt.[44]

- Wie soll der Lover für den Partner des Cuckolds ausgewählt werden? Gibt es hier bestimmte Tabus? Ist es euch wichtig, dass die dritte Person beiden unbekannt ist, oder sollte es besser jemand sein, den ihr kennt und dem ihr vertraut?

- Wer wird die dritte Person kontaktieren?

- Für welche Art von Kommunikation oder Kontakt mit dem Dritten seid ihr nach dem Cuckolding offen, wenn überhaupt?

- Soll das Cuckolding eine einmalige Sache sein oder fortgesetzt werden? Mit demselben Lover?

- Wie soll die Situation insgesamt gestaltet werden? Wie weit wollt ihr gehen? Welcher Schauplatz kommt dafür infrage?

- Wird der Cuckold persönlich anwesend sein, um die Szene zu beobachten oder auf bestimmte Art und Weise an ihr teilzunehmen?

- Welche Grenzen habt ihr beide in Bezug auf sexuelles Verhalten oder Rollenspielverhalten während der Szene?[45]

»Führen Sie klare, eindeutige Gespräche mit Ihren Partnern und seien Sie sich über alle Grenzen, Beschränkungen und Einschränkungen im Klaren«, empfiehlt die Sexualtherapeutin Megan Pollock. Wie bei jeder sexuellen Erfahrung sollte jeder daran denken, dass eine erteilte Zustimmung jederzeit zurückgezogen werden kann. Regeln und Beschränkungen bleiben insofern ein ständiges Thema, da sich eure Wünsche und Bedürfnisse im Laufe der Zeit oder in einem bestimmten Moment ändern können. »Man sollte wissen, wie man sein Unbehagen oder den Wunsch, aufzuhören, zum Ausdruck bringen kann«, erklärt Pollock weiter. Eine gewisse Routine darin macht das einfacher.

Am besten ist es, wenn du und dein Partner vor jedem neuen Schritt in eurem gemeinsamen Abenteuer besprecht, wie sich jeder von euch fühlt und wie ihr mit der Situation umgehen wollt, wenn einer von euch den anderen bittet, innezuhalten. Auch ein Safeword, wie es SM-Liebhaber verwenden, kann hilfreich sein, um deutlich zu zeigen, dass eine Belastungsgrenze erreicht ist. Wird dieses Safeword ausgesprochen, heißt es erst einmal stopp, auch wenn der Partner gerade noch so sehr in Stimmung ist.[46]

»Manche Paare vertreten die Ansicht, dass es keinen Respekt gibt: Die Frau betrügt, wie es ihr gefällt, und der Cuckold ist wertlos, und das wird für alle funktionieren«, berichtet *Jack*, der Betreiber einer Website zu dieser Form von Sexualität. »In Wirklichkeit ist das bei allen Paaren, die ich getroffen und gesehen habe, nur gespielt. Es ist Teil der Fantasie, und hinter den Kulissen gibt es eine große Menge an Respekt und Liebe füreinander. Lass dich nicht von den Schwanzkäfigen und der Demütigung dazu verleiten, zu denken, dass deine Beziehung immer so sein muss. Es ist ein Teil davon und wenn ihr der richtige Typ von Paar seid, wird es eine Sache sein, die aus- und eingeschaltet wird, wann und wie es euch beiden gefällt.«[47]

Es gibt allerdings einen Aspekt, der auch beim erotischen Spiel zur Realität gehört: die Gefahr sexuell übertragbarer Krankheiten. Wenn aus eurer Zweier- eine Dreierbeziehung wird, solltest du noch gründlicher auf deine Gesundheit in diesem Bereich achten als sonst. Geh am besten regelmäßig zum Arzt und lass dich auf Geschlechtskrankheiten testen. Sprich auch mit deinem Partner und der dritten Person in eurer Beziehung darüber, wann sie sich das letzte Mal haben testen lassen.[48]

Wenn ihr das alles miteinander besprochen und durchgeführt habt, seid ihr so gut auf das Cuckolding vorbereitet, wie es nur möglich ist. Trotzdem dürfte es euch wie ein Absprung ins Unbekannte vorkommen. Nicht nur vor dem ersten Mal ist eine spezielle Form von Lampenfieber – eine Mischung aus Erregung und Furcht, Kitzel und Angst – nicht nur bei Neulingen, sondern auch bei erfahreneren Cuckolds weit verbreitet. Das liegt in der Natur der Sache: »Die Fähigkeit, schädliche Eifersucht zu verarbeiten und zu überwinden und sie in etwas Hocherotisches zu verwandeln, ist eine emotionale Meisterleistung«, befindet *Venus*.

Wenn du und dein Partner es schaffen, die anfängliche Angst gemeinsam zu bewältigen, kann das zu einem Erlebnis führen, das ähnlich berauschend ist wie eine Achterbahnfahrt oder ein Bungeesprung.[49]

Dabei kann jeder Partner unterschiedliche Dinge zum Gelingen des Cuckolding beitragen. Der Partner, der sich einen Lover nimmt, kann zum Beispiel auf folgende Weise die Demütigung des Cuckolds intensiver werden lassen:

- Wenn der Cuckold männlich ist, kann sein Partner diese Männlichkeit reduzieren, indem er ihm einen weiblichen Namen gibt, ihn Frauenkleidung tragen lässt und nur noch Oralverkehr erlaubt, wie es eine Frau tun würde.

- Die Partnerin eines solchen Cuckolds kann ihm auch sexuelle Berührungen vorenthalten, während sie sich gleichzeitig sexy kleidet und aufreizend verhält, um die unerfüllte Lust dieses Cuckolds noch weiter zu steigern. Auch mit anzüglichen Textnachrichten, E-Mails, Bildern und Videos kannst du seine Lust auf einem hohen Niveau halten. Sexuelle Erfüllung ziehst du als Partner eines Cuckolds vor allem aus Kontakten mit deinem Lover. Dein Cuckold tritt in dieser Hinsicht erkennbar an die zweite Stelle.

- Wenn du deinem Cuckold doch Sex gewährst, dann nur gemäß deinen Wünschen. Du entscheidest, wann und wie oft du ihm dieses Vergnügen schenkst. Außerdem gewährst du ihm nicht das volle Programm, sondern allenfalls Handjobs, Oralverkehr oder vielleicht sogar nur, dass er sich selbst befriedigen darf. Den »richtigen Sex«, machst du klar, möchtest du für deinen Lover aufheben.

- Der Partner eines Cuckolds kann ihm auch Annehmlichkeiten verbieten und sexuelle Berührungen verweigern. Entsprechende Verbote werden erst aufgehoben, wenn der Cuckold sich besonders gehorsam und gefügig erweist.[50]

- Wenn du der Partner eines Cuckolds bist, kannst du ihm die Dinge schildern, die dein Lover sexuell besser macht, und deinem Partner darüber hinaus jedes Mal mitteilen, wenn du an Sex mit deinem Lover (oder anderen Menschen) denkst. Wenn du allein ausgehst, kannst du bewusst länger wegbleiben, als dein Partner erwartet, sodass er sich unweigerlich fragt, was du wohl gerade treibst.[51]

- Hast du doch einmal Sex mit deinem Cuckold, kannst du deinen Wunsch nach einem geschickteren, ausdauernderen oder besser gebauten Liebhaber deutlich äußern. Ist dein Cuckold männlich, kannst du zum Beispiel seinen Penis in die Hand nehmen, kichern und deinen Partner daran erinnern, dass du Männer mit »richtigen Schwänzen« bevorzugst.[52]

All diese Aktionen können einen gewagten Drahtseilakt bedeuten, erst recht wenn Cuckolding für euch beide neu ist. Einerseits möchtest du deinen Cuckold nicht emotional überlasten, sodass er diese Spielart vor lauter Unsicherheit und Eifersucht eher leidend erduldet, statt sie genießen zu können. Andererseits willst du diese Gefühle aber nicht verschwinden lassen. Für die meisten Cuckolds stellen erotisierte Unsicherheiten das Herzstück des Cuckolding dar: keine Unsicherheiten – kein Nervenkitzel.[53]

Die Cuckold-Podcasterin *Venus* kann von einem Fall berichten, wo dieser Drahtseilakt gelungen ist, indem der Cuckold von seiner Partnerin emotional aufgefangen wurde:

»Ich weiß von einer Frau, die vor ihrem ersten Treffen mit einem anderen Mann einen einfühlsamen Brief an ihren betrogenen Ehemann geschrieben hat. Er sollte ihn lesen, wenn ihn die Angst vor dem Gehörnten überkam, und es stellte sich heraus, dass es genau das war, was er in diesem Moment brauchte. Er war in der Lage, die Angst zu überwinden und Platz zu schaffen für die Aufregung und den Nervenkitzel beim Gedanken an seine Frau mit einem anderen Mann.« [54]

Für den dominanten Partner in einer solchen Beziehung erfordert es immer wieder ein hohes Maß an Selbstsicherheit, sie dauerhaft fortzuführen. Diese Selbstsicherheit kann man gewinnen, indem man sich intensiver mit dem Thema Cuckolding beschäftigt – sei es durch Lektüre, also das Lesen von Ratgebern wie diesem, sie es durch Gespräche mit Menschen, die in diesem Bereich erfahrener sind. In entsprechend ausgerichteten Online-Diskussionsforen sollten sich schnell hilfreiche Kontakte herstellen lassen. In einem dieser Foren berichtet die Partnerin eines Cuckolds, wie sie auch in ihrem unmittelbaren Umfeld Unterstützung gefunden hat:

»In meinem engen Freundeskreis wissen meine Mutter, meine Schwester, meine Haushälterin und eine sehr enge Freundin, dass mein Mann sexuell devot ist. Ich habe seitdem neue gleichgesinnte Freunde gefunden, mit denen ich über die Unterwerfung meines Mannes sprechen kann. Manchmal braucht man einfach eine andere Frau, der man seine Ideen vortragen kann. Ich war überrascht, wie gern meine Mutter und meine Schwester meinem unterwürfigen Mann geholfen haben, und dass mein Mann gern Anweisungen von meiner Mutter, meiner Schwester und all meinen Freundinnen entgegennahm. Ich habe viele andere Frauen kennengelernt, die ebenfalls unterwürfige Ehemänner haben, und ich kann mit ihnen viel ehrlicher und direkter reden als mit meinen anderen Freundinnen. Dieses Feedback, das ich bekomme, hilft mir sehr. Nimm dir die Zeit oder lass deinen Mann die Zeit investieren und finde gleichgesinnte Paare in deiner Gegend.«[55]

Wenn du selbst der Cuckold in eurer Partnerschaft bist, kannst du darüber hinaus die folgenden Dinge tun, damit euer Arrangement erfolgreich wird:

- Befreie deine Partnerin von Schuldgefühlen. Gib ihr zu verstehen, dass Cuckolding etwas ist, dass ihr beide möchtet.

- Melde aber rechtzeitig zurück, wenn dir irgendetwas ernsthafte Probleme macht. Lass nicht zu, dass sich schlechte Gefühle so lange in dir aufstauen, dass sie sich irgendwann schlagartig entladen müssen.

- Hilf deinem Partner, wenn er das möchte, bei der Auswahl seines Lovers. Achte darauf, dass dieser Lover nicht gegen den Willen deines Partners handelt. Gib deinem Partner und seinem Lover die nötige Zeit, dass sich zwischen ihnen die nötige erotische Chemie entwickeln kann.

- Lass deinen Partner spüren, dass er etwas Besonderes ist. Verwöhne ihn und überrasche ihn mit Geschenken, wenn dir etwas, das er getan hat, besonders gut gefallen hat. Damit stärkst du sein Selbstvertrauen und ermunterst ihn, noch mutiger zu werden.[56]

Was sollte man nach einer Cuckolding-Aktion tun?

Wie du beim Lesen dieses Ratgebers vermutlich gemerkt hast, kann Cuckolding, vor allem wenn es mit sexuellen Erniedrigungen verbunden ist, emotional fordernd sein. Mitunter stellt man nach dem Abklingen der sexuellen Aufwallung fest, dass Aktionen, die in der Fantasie noch erregend gewirkt haben, plötzlich als sehr belastend wahrgenommen werden. Insbesondere wenn du zum ersten Mal Cuckolding ausprobierst, ist das gut vorstellbar. Eifersucht, Unsicherheit, Scham, Angst vor dem Verlassenwerden und andere Gefühle können dich oder deinen Partner unerwartet stark aufwühlen. Möglicherweise kommt es dann dazu, dass ein Partner dem anderen Vorwürfe macht und die Partnerschaft selbst in Gefahr gerät.

Vor allem derjenige von euch, der sich mit einem Lover vergnügte, kann verschiedene Dinge tun, um dieser Entwicklung vorzubeugen:

- Sag deinem Partner, also dem Cuckold, dass du ihn liebst. Erinnere ihn noch einmal daran, dass du bestimmte Dinge getan hast, weil es (auch) sein Wunsch war.

- Sage das nicht nur, sondern zeige es ihm auch: durch körperliche Zuwendung. Dazu gehören Umarmungen, Kuscheln, Händchenhalten und andere Formen der körperlichen Intimität, einschließlich Sex. Manche Cuckolds beschreiben den Sex, nachdem ein Partner einen Lover hatte, als den besten Sex überhaupt. Damit ist für den Cuckold das Gefühl verbunden, dass er seinen Partner »zurückerobert«. Er kann sich so versichern, dass die starke Bindung zwischen ihm und seinem Partner trotz der vorangegangenen Aktionen unverändert besteht.

- Mach deinem Partner Komplimente für die Dinge, die er gut macht und die dir an ihm gefallen. Wenn du auf diese Weise deine Wertschätzung zeigst, baust du sein Selbstwertgefühl wieder auf.[57]

Oft hilft es auch, wenn ihr ausführlich darüber sprecht, wie jeder von euch das Cuckolding erlebt hat: Wie habt ihr euch in welchem Moment gefühlt? Hat es euch gefallen? Wurden bei einem von euch wunde Punkte berührt, die ihn selbst überrascht haben? Ist Cuckolding etwas, das ihr noch mal wiederholen würdet? Oder hat einer von euch eine Grenze erreicht, die er lieber nicht überschreiten möchte? Braucht einer von euch jetzt besonders viel Zuwendung? Wie könnte die aussehen? Vielleicht möchte einer von euch vom anderen in Ruhe gelassen werden, vielleicht braucht er jetzt erst recht seine Nähe. Womöglich hilft ein großes Glas Wasser, eine Tafel Schokolade, eine warme Dusche oder dass sein Partner ihn liebevoll massiert.[58]

Oft empfiehlt es sich, ein erstes Nachgespräch zu führen, wenn das Erlebte emotional noch frisch und präsent ist, und ein zweites, wenn man Zeit hatte, alles zu verdauen, nachzuspüren und sich über sein eigenes Empfinden ein paar Gedanken zu machen.

Bei einem so heiklen Arrangement wie dem Cuckolding gelten mehr als sonst die üblichen Regeln bei Gesprächen und Konflikten in der Partnerschaft: Sprich so klar wie möglich an, worum es dir geht, aber formuliere es so wenig verletzend wie möglich. Statt deinem Partner also Vorwürfe zu machen, dass er irgendetwas »falsch« gemacht hat, kannst du vielleicht eher formulieren, was du dir stattdessen zukünftig von ihm wünschen würdest. Vergiss auch nicht zu erwähnen, wenn dir eine bestimmte Aktion besonders gut gefallen hat, und warum. Umgekehrt kann der Partner, der etwas getan hat, was sich als unerwartet heftig herausstellte, durch klare Worte die Sicherheit des anderen wiederherstellen, indem er etwa sagt: »Ich habe das nicht vorhergesehen. Es tut mir leid. Ich werde das nicht wiederholen.«

Zuletzt solltet ihr nicht übersehen, dass eure Aktion womöglich nicht allein für den Cuckold heftiger war als erwartet, sondern (auch) für seinen Partner, etwa wenn er plötzlich starke Schuldgefühle empfunden hat. Auch darüber solltet ihr besser miteinander sprechen, als mit eurem Unbehagen allein fertig werden zu wollen.

Wie gelingt euch ein leichter Einstieg ins Cuckolding?

Wenn du noch davor zurückschreckst, Cuckolding mit deinem Partner auszuprobieren, findest du in diesem Ratgeber viele Tipps und Informationen, die dir vielleicht einen Teil deiner Ängste nehmen. Trotzdem kommt es dir vielleicht immer noch wie ein Sprung ins kalte Wasser vor, und du fragst dich, ob es eurer Beziehung wirklich keinen Schaden zufügt, wenn sich dein Partner plötzlich einen Lover ins Bett holt. Womöglich macht es dir besondere Sorgen, dass ihr, sobald dieser Schritt einmal getan ist, nicht wieder zurückkönnt – auch wenn ihr feststellt, dass euch die Sache mehr zu schaffen macht als gedacht.

Eine Möglichkeit, dieses Problem zu umgehen, besteht darin, dass ihr eben nicht kopfüber ins kalte Wasser springt, sondern Schritt für Schritt hineinwatet. So könnt ihr im Zweifel jederzeit innehalten oder sogar umkehren, wenn ihr euch unwohl zu fühlen beginnt.

Zum Beispiel bieten sich folgende Schritte der Annäherung an:[59]

- Ihr macht erst mal einen gemeinsamen »Schaufensterbummel«: nicht nach Waren, sondern nach Leuten, von denen dir dein Partner mitteilt, dass sie ihm gefallen und dass er sich ein erotisches Abenteuer mit ihnen vorstellen könnte. Spürt nach, wie es euch bei dieser Vorstellung geht. Sprecht darüber.[60]

- Die Partnerin des Cuckolds zieht durch die Stadt und trägt dabei so offenherzige Kleidung, dass sie begehrliche Blicke anderer Männer auf sich zieht. Ihr Cuckold folgt in einiger Entfernung.[61]

- Die Partnerin des Cuckolds zieht durch die Stadt, lächelt jeden Mann an, der ihr gefällt, und wartet ab, ob sich etwas daraus entwickelt.

- Die Partnerin des Cuckolds befriedigt sich selbst, während sie an einen anderen Mann denkt, und teilt das dem Cuckold mit.

- Ihr unterhaltet euch im Bett auf anregende Weise darüber, wie der Moment aussehen könnte, wenn ihr in einer Cuckolding-Situation wärt. Jeder von euch beiden könnte sich dann ausmalen, was er tun würde, was er von seinem Partner erwarten würde und was die dritte Person tun würde.[62]

- Die Partnerin des Cuckolds bringt ihn mit der Hand zum Höhepunkt, während sie ihm verschiedene Cuckold-Fantasien schildert (beispielsweise, dass sie Sex mit seinem Chef hat). Dabei stoppt ihr die Zeit, bei welcher dieser Fantasien der Cuckold am schnellsten zum Orgasmus gelangt.

- Die Partnerin des Cuckolds erlaubt ihm nur noch dann einen Orgasmus, wenn er dabei daran denkt, wie sie mit einem anderen Mann Sex hat.

- Schaut zusammen einen Porno, der sich um Cuckolding dreht, um euch mit der Idee anzufreunden, wie es laufen könnte. Teilt einander mit, was euch an den gesehenen Szenen gefallen hat und was nicht.[63] Vielleicht möchtet ihr mit einem leicht verdaulichen Porno beginnen und dann zu Pornos übergehen, in denen der Cuckold gedemütigt wird. Wie verändert sich eure Reaktion darauf? Schreckt ihr vor solchen Szenen zurück oder machen sie euch erst richtig scharf?

- Lest euch gegenseitig erotische Geschichten zu diesem Thema vor. Solche Geschichten findet ihr problemlos zuhauf im Internet. Inspirieren sie euch dazu, euch eigene Geschichten auszudenken, die euch in Stimmung bringen? Von dort ist es bis zur Umsetzung nicht mehr allzu weit.

- Einer von euch berichtet dem anderen, wie er es mit einer dritten Person getrieben hat, ohne dass das der Wahrheit entspricht – was euch beiden bewusst ist. Welche Gefühle kommen dabei in euch auf? Wie verändern sich diese Gefühle, wenn der Lover als besonders dominant, sexuell versiert, attraktiv oder ausdauernd beschrieben wird? Wollt ihr dieses Erlebnis lieber in der Welt der Fantasie belassen oder versuchen, es in die Tat umzusetzen?[64]

- Die Partnerin des Cuckolds beschafft sich einen Dildo, der deutlich größer ist als sein Penis, und genießt damit demonstrativ die Selbstbefriedigung. Dabei erklärt sie ihrem Partner, dass er unzureichend sei und sie mit seinem Penis nicht richtig befriedigen könne. Zudem malt sie sich aus, wie toll es wäre, von einem echten Penis dieser Größe stimuliert zu werden, und kündigt an, demnächst auf die Suche zu gehen.[65]

- Die Partnerin des Cuckolds führt an einem großen Dildo vor, wie sie einen gut gebauten Mann mit ihrem Mund verwöhnen würde, um bedauernd zu erklären, dass der Penis des Cuckolds selbst leider zu klein für solche Dinge sei.

- Die Partnerin des Cuckolds befriedigt sich selbst, während sie mit einem Bekannten des anderen Geschlechts spricht, ohne dass dieser etwas von ihren Aktionen mitbekommt.

- Einer von euch schildert dem anderen, wie toll so manche Nacht mit einem ehemaligen Partner war. Wie gut kommt ihr damit zurecht?[66]

- Wie wäre es mit einem erotischen Rollenspiel? Geht getrennt in eine Bar. Einer von euch spielt die Rolle des Partners, der einen Liebhaber nebenher sucht, weil ihm sein fester Partner nicht mehr genügt, der andere die Rolle des Liebhabers, der diesen Partner anspricht und zu einer Affäre verführt.[67]

Wenn bisher alles gut läuft, ohne dass es einen von euch zu stark belastet, sondern ihr es als erregend wahrnehmt, könnt ihr mit euren Experimenten eine Stufe weiter gehen:

- Einer von euch schickt den anderen »auf erotische Mission«, gibt ihm also zum Beispiel den Auftrag, eine dritte Person anzuflirten und das so weit zu treiben, dass es zu sexuellen Aktivitäten kommt, um sich danach alles haarklein berichten zu lassen. (Womöglich wollt ihr die dritte Person fairerweise einweihen, wie euer Arrangement aussieht. Wenn ihr Glück habt, findet ihr so auch die nötige dritte Person für zukünftige Aktionen.)[68]

- Ihr besucht zusammen einen Swingerclub, wo der Partner des Cuckolds bis zu einer vorher festgelegten Grenze für erotische Berührungen offen ist, während sich der Cuckold selbst zurückhalten muss. Dabei hat der Cuckold das Recht, festzulegen, wo seine Grenze verläuft. Kein Küssen? Kein Blasen? Kein Geschlechtsverkehr? Sex nur mit ausdrücklicher Genehmigung des Cuckolds? Bei solchen Dingen kann die individuelle Toleranz- und Schmerzgrenze sehr unterschiedlich sein.

- Einer von euch schaut dabei zu, wie sein Partner von einer dritten Person mit einer sinnlichen

Massage verwöhnt wird. Kommt er damit gut klar oder ist das schon zu viel für ihn?[69]

- Die Partnerin des Cuckolds besorgt sich eine Webcam und tritt auf diese Weise mit einer oder mehreren dritten Personen erotisch in Kontakt (etwa mit gleichzeitiger Selbstbefriedigung), ohne dass es auch nur zu einer Berührung kommt.

- Die Partnerin des Cuckolds schickt erotische Fotos von sich an Fremde und betreibt mit ihnen Sexting, also den Austausch erotischer Nachrichten.

- Die attraktive Partnerin des Cuckolds stellt erotische Fotos oder Videoclips von sich selbst auf eine passende Online-Plattform und lässt sie von anderen Männern kommentieren und bewerten. Sie kann die Zuschauer auch dazu einladen, zu schreiben, was sie gern mit ihr tun würden. Während sie diese Texte liest, bringt sie sich in Anwesenheit ihres Partners zum Höhepunkt.

Sicherer ist es in diesen Fällen, wenn er dabei sein Gesicht nicht zeigt, sondern entweder eine Maske benutzt oder nur seinen Körper unterhalb des Halses von der Kamera einfangen lässt. Wer besonders vorsichtig sein möchte, kann auch beides kombinieren.[70]

Mit welchen Finessen lässt sich Cuckolding emotional noch intensiver gestalten?

Wie du bereits gesehen hast, bietet Cuckolding großen Spielraum für Aktionen, die psychologisch besonders fordernd sind und deshalb von Anhängern dieser Variante als besonders erregend wahrgenommen werden. Auf einer Website für solche Anhänger berichtet Sarah ein wenig über ihre eigenen Erfahrungen damit, ihren Ehemann lustvoll zu quälen.

»Ich schickte Bilder von seinem kleinen Schwanz an meinen Lover, und wir lachten beide, manchmal in Hörweite von ihm, manchmal nicht. Das macht meinen Mann ganz wild, er liebt es, uns über ihn lachen zu hören.

Als er meinen Lover kennenlernte, ließ ich sie ihre Schwänze vergleichen. Der Unterschied war irre, und ich stellte sicher, dass ich ihm das immer wieder sagte. Er sah mit eigenen Augen, wie viel kleiner sein Schwanz im

Vergleich zu dem meines Lovers war, und alles, was ich tun konnte, war, zu kichern und ihn daran zu erinnern, wer der echte Kerl war.

Ich fesselte und knebelte meinen Mann und verband ihm die Augen, und mein Lover und ich fickten mit ihm im Zimmer. Er konnte nur mein Stöhnen hören, aber immer wenn ich zu ihm rüberschaute, zuckte sein Schwanz und war voll erigiert. Dabei lachten mein Lover und ich über ihn und wie klein sein Schwanz war. Er konnte nicht einmal versuchen, seinen Schwanz zu verstecken, und je mehr wir lachten, desto härter wurde er. Er liebte es, die Scham und die Demütigung zu spüren, und hinterher sagte er mir, es sei eine der aufregendsten Erfahrungen seines Lebens gewesen.

Dann übertrug ich meinem Cuck-Ehemann die Aufgabe der Reinigung. Er musste nicht nur meine Säfte, sondern auch die meines Lovers wegputzen. Er tat dies bereitwillig und benutzte seine hübsche Zunge, um unsere Sauereien zu beseitigen. Er war so gut darin, dass wir beschlossen, ihn ›Mop‹ zu nennen.

Ich hatte ein Date mit einem gemeinsamen Freund. Wir landeten bei ihm zu Hause und ich rief meinen Mann an und ließ das Telefon an, während ich ihn fickte. Er saß nur da und hörte unserem sinnlichen Abend über das Telefon zu und tat nichts anderes, als sich ei-

nen runterzuholen. Ich kam nach Hause und fand ihn schlafend und voller Sperma vor, seinen Schwanz noch in der Hand.

Ich habe meinen Mann dazu gebracht, das benutzte Kondom meines Lovers überzuziehen. Sein Schwanz ist nicht einmal halb so groß und sah in dem Kondom ganz schlaff und komisch aus. Ich lachte ihn aus, als er versuchte, es überzuziehen, und sah zu, wie das Sperma meines Lovers um seinen Schwanz herumwirbelte.

Ich lasse ihn die Wohnung meines Lovers putzen, während der bei uns ist und mich fickt. Dies ist eine ziemlich neue Sache, die wir versucht haben, aber es hat für uns funktioniert und mein Lover kann zu einem sauberen Ort nach Hause gehen. Wenn mein Mann unsere Wohnung putzt, versuchen wir, nicht alles wieder schmutzig zu machen, aber das kann schwer sein, vor allem, wenn man einen Lover hat, der einen überall dort ficken will, wo gerade geputzt wurde.«[71]

Ich lasse Sarah deshalb hier so ausführlich zu Wort kommen, weil in ihren Schilderungen sehr deutlich wird, wie sehr dieses Arrangement allen drei beteiligten Personen große Lust bereitet. Für Menschen, die diese Vorliebe nicht teilen, mag sich das komplett widersinnig anhören, aber viele andere empfinden gerade Demütigungsspiele als hochgradig erregend, und dieser Aspekt macht einen Großteil ihrer Begeisterung für das Cuckolding aus.

Aber Menschen, denen Cuckolding Spaß macht, sind unterschiedlich gestrickt, wenn es darum geht, welche Praktiken sie auf Touren bringen und welche ihnen so sehr zusetzen, dass sie ihre Lustempfindungen ruinieren würden. Bei den folgenden Beispielen ist es daher sinnvoll, sie vorher mit deinem Partner abzusprechen und bei eurem weiteren Vorgehen achtsam zu bleiben, ob sie euch wirklich guttun und ihr sie als erfüllend empfindet, oder ob sie einen von euch zu sehr belasten. (Die meisten Praktiken gehen von einem männlichen Cuckold und einem männlichen Lover aus, weil das auch die häufigste Konstellation darstellt. Manche davon lassen sich leicht auf einen weiblichen Cuckold, also eine Cuckquean, und eine Geliebte übertragen: Zum Beispiel werden dann statt dem riesigen Penis des Lovers die tollen Brüste oder die schlanke Figur der Geliebten gelobt.)

Beginnen wir mit den Praktiken, die noch eher gemäßigt sind. Für einige davon benötigst du nicht einmal tatsächlich einen Lover:

- Sage deinem Partner, dass sein Penis nicht groß genug sei, um dich befriedigen zu können, und behaupte, dass du dich nach einem Penis sehnst, der dich wirklich ausfüllt.

- Verweigere deinem Partner beim Sex einen Orgasmus, weil er das mit seinem mickrigen Penis, der dich noch nie zum Orgasmus gebracht habe, nicht verdiene.

- Erlaube ihm einen Orgasmus nur, wenn er vorher etwas Demütigendes getan hat.

- Lass deinen Partner wieder und wieder bestätigen, dass du es eigentlich verdienst, von einem besseren Lover genommen zu werden.

- Schildere deinem Partner eindringlich deine versautesten, unanständigsten Fantasien. Verbiete ihm, dabei eine Erektion zu bekommen – andernfalls würdest du ihn mit etwas sehr Unangenehmem bestrafen. Male dir laut erotische Erlebnisse mit anderen Männern aus, wobei du dich zum Orgasmus bringst.

- Wenn du mit deinem Partner unterwegs bist, weise ihn regelmäßig darauf hin, welche anderen Männer du aus welchen Gründen attraktiv findest. Schildere, wie du dir vorstellst, von einem solchen Mann genommen zu werden.

- Schildere deinem Partner genüsslich, welche Dinge die Männer, mit denen du früher im Bett warst, sexuell besser gemacht haben als er.

- Schreie beim Sex mit deinem Partner den Namen eines deiner Ex.

- Rasiere deinen Schoß und behaupte, das würdest du tun, weil ein anderer Mann dich darum gebeten hat.

- Lass dir ein (temporäres) Tattoo oder ein Piercing stechen und sage deinem Partner, dass du das deinem Lover zuliebe getan hättest.

- Trage ein Fußkettchen oder einen Armreif mit dem Namen eines anderen Mannes, wenn du ausgehst.

- Trage aufreizende, freizügige Kleidung und hohe Absätze in der Öffentlichkeit.

- Höre auf, Unterwäsche zu tragen, und sorge dafür, dass dein Partner das weiß.

- Befiehl deinem Partner, im Internet Videos zu finden, die deinen Fantasien entsprechen. Schwärme ihm beim Sehen vor, wie heiß der Kerl sei, der dort in Aktion tritt.

- Lass dich von deinem Partner sauber lecken, nachdem er in dir gekommen ist. Kündige an, dass es bald das Sperma deines Lovers sein wird, das er aus dir herauslecken wird. Du kannst ihn auch in ein Kondom kommen lassen und ihn dann auffordern, es auszulecken, oder ihm befehlen, auf deinem Fuß zu kommen, um ihn dann mit seiner Zunge zu reinigen.

- Kündige an, dass du dir einen Lover nehmen wirst und dein Partner euch beim Sex zusehen muss, um zu lernen, wie es »richtig gemacht« wird.

- Wenn deinen Partner demütigende Cuckold-Spiele wirklich scharfmachen, dann lass ihn auf Knien vor dir darum betteln, dass du es mit einem Lover treibst statt mit ihm.

- Nimm demonstrativ deinen Ehering ab, bevor du ausgehst.

Das Spiel wird heißer, sobald du tatsächlich einen anderen Mann mit einbeziehst:

- Weise deinen Partner an, einen passenden Lover für dich zu finden. Sag ihm genau, was für einen Typ Mann du brauchst, um heftig zu kommen.

- Wenn du und dein Partner zusammen ausgeht und du einen Mann entdeckst, der dir gut gefällt, fordere deinen Partner auf, ihn anzusprechen, ihm zu erklären, dass ihr eine Cuckold-Beziehung miteinander führt, und ihm anzubieten, dich ihm vorzustellen.

- Flirte in einer Bar mit einem anderen Mann, während euch dein Partner aus einiger Entfernung zusehen muss.

- Tanze eng mit einem anderen Mann, während dein Partner zusieht. Schildere deinem Partner danach, wie du den steifen Penis des Mannes an deinem Schoß gespürt hast und welche Fantasien das ausgelöst hat.

- Lass deinen Partner für ein Date mit deinem Lover bezahlen. Es kann besonders demütigend sein, wenn du mit deinem Lover essen gehst und der Kellnerin danach sagst, sie solle die Rechnung deinem Mann geben, der ein paar Tische entfernt sitzt.

- Verlange von deinem Partner an solchen Abenden, dass er dir Bargeld für den Fall gibt, dass du überraschend ein Hotelzimmer brauchst.

- Gehe mit deinem Partner Dessous kaufen, die du tragen wirst, wenn du mit deinem Lover Sex hast. Wähle Wäsche aus, die wesentlich offenherziger und erotischer ist als die, die du beim Sex mit deinem Partner trägst. Sage dabei so laut Dinge wie »Ich glaube, er wird es lieben, mich darin zu vernaschen«, dass das

Verkaufspersonal euren Wortwechsel mitbekommt.

- Geh mit deinem Lover einkaufen und lasse deinen Partner eure Taschen tragen und bezahlen, wobei du dem Verkaufspersonal mitteilst, dass die Rechnung dein Mann übernehme.

- Trage regelmäßig Schmuck oder Kleidung, die dir dein Lover geschenkt hat.

- Lass dich von deinem Lover zu Hause anrufen und deinen Partner fragen, wo du steckst.

- Wenn dein Partner dich zärtlich verwöhnt, dich also streichelt oder leckt, teile ihm mit, wie sehr du dich eigentlich danach sehnst, von deinem Lover und seinem prallen Penis genommen zu werden. Behaupte, dass du die ganze Zeit daran denken musst.

- Geh vor einem Date mit deinem Lover nackt durch eure Wohnung, aber erlaube deinem Partner nicht, Sex mit dir zu haben.

- Lass dich von deinem Partner baden, abtrocknen, einparfümieren sowie dir Kleidung und Accessoires heraussuchen, bevor du auf ein Date mit deinem Lover gehst.

- Lass dich vor einem Date mit deinem Lover von der Zunge deines Partners in Stimmung bringen.

- Hab Sex mit einem Ex und schildere deinem jetzigen Partner, wie toll das war.

- Schwelge in Erinnerungen daran, wie heiß dich der Sex mit deinem Lover macht, wenn dein Partner gar nicht damit rechnet, also etwa im Kino oder beim Essen in einem Restaurant.

- Überlasse es deinem Partner, telefonisch ein Treffen zwischen deinem Lover und dir zu vereinbaren, während du zuhörst. Bringe ihn dazu, deinen Lover darum zu bitten, dass er dich besteigt, weil er selbst es nicht schaffe, dich im Bett glücklich zu machen. Bringe deinen Partner außerdem dazu, deinem Lover dafür zu danken, dass er es dir so gut besorgt, wie er selbst es nicht hinbekommt, und ihm mitzuteilen, wie sehr du dich auf das nächste Treffen freust.

- Erlaube deinem Partner immer nur dann einen Orgasmus, wenn dich zuvor dein Lover zum Orgasmus gebracht hat. Irgendwann wird er dich darum anbetteln, dich bald wieder von deinem Lover besteigen zu lassen.

- Erlaube deinem Partner, während du dein Liebesleben genießt, nur dann einen Orgasmus, wenn er vorher darum gebettelt hat. Das bedeutet nicht automatisch, dass du es dann auch erlaubst. Setze ein Limit (etwa zwei Mal pro Monat), wie oft er dich um einen Orgasmus bitten darf.

- Teile deinem Partner mit, dass sein Penis im Vergleich zu dem deines Lovers eher der Größe einer Klitoris gleichkommt, woraufhin du deinen Partner damit neckst, dass du ihm einen Frauennamen als Kosenamen gibst. Erlaube ihm nur noch so zu masturbieren, als würde er eine Klitoris befingern.

- Teile deinem Partner mit, dass ihm dein Lover nur noch Sex mit dir erlaube, wenn er dabei ein Kondom trägt.

Wenn du Sex mit deinem Lover hast, kannst du deinen Partner auf demütigende Weise mit einbeziehen:

- Filme dich beim Sex mit einem anderen Mann mit deinem Smartphone und lass es deinen Partner später anschauen. Ziehe deinen Partner damit auf, dass du das Filmchen seinen engsten Freunden zeigen wirst, falls er aus der Reihe tanzt und nicht tut, was du von ihm verlangst.

- Hab Telefonsex mit deinem Lover, masturbiere dabei und lass deinen Partner zusehen.

- Fessele deinen Partner mit gespreizten Beinen und Armen auf euer Bett und bringe ihn immer wieder zu höchster Erregung, ohne ihn je kommen zu lassen. Telefoniere dabei mit deinem Lover. Wenn du magst, kannst du deinem Partner dabei ein getragenes Höschen auf sein Gesicht binden.

- Brich mitten beim Sex mit deinem Partner plötzlich ab und teile deinem Partner mit, dass er nur weitermachen darf, wenn er dich statt mit seinem zu kleinen Penis mit einem Umschnalldildo nimmt, der der Größe des Penis deines Lovers gleichkommt.

- Bringe deinen Partner beim heftigen Vorspiel dazu, darum zu betteln, in dich eindringen zu dürfen und dir danach dafür zu danken. Beim Sex mit deinem Lover in Anwesenheit deines Partners wechselst du in die unterwürfige Rolle und flehst deinen Lover an, hart genommen zu werden.

- Lade deinen Lover in eure Wohnung ein, wobei du dich verhältst, als wäre er ein neuer Freund, auf den du sehr scharf bist. Zeige ihm deine Zuneigung durch zärtliche Berührungen und Küsse. Schaut gemeinsam einen anregenden erotischen Film. Vernachlässige deinen Partner dabei immer mehr. Bevor ihr euch an die Wäsche geht, forderst du deinen Partner auf, die Wohnung zu verlassen.

- Eine Alternative hierzu, vielleicht für einen anderen Abend: Lasst euch von deinem Partner bedienen, also etwa Essen kochen oder bestellen, Getränke servieren und das Schlafzimmer vorbereiten (Neubeziehen der Laken, Anzünden von Kerzen, Bereitstellung von Handtüchern und Gleitmittel). Dann zieht ihr euch in das Schlafzimmer zurück, wobei du deinem Partner die Tür vor der Nase zumachst. Nur wenn dein Lover und du noch etwas brauchen solltet, schickst du deinem Partner eine entsprechende SMS.

- Lasse deinen Partner auf der Couch im Wohnzimmer schlafen – oder wo immer sonst es in eurer Wohnung möglich ist –, während dein Lover die Nacht über dableibt.

- Trage beim Sex mit deinem Lover Wäsche, die für deinen Partner eine besondere emotionale Bedeutung hat: etwa, was du in eurer Hochzeitsnacht getragen hast, ein teures Geschenk, das dir dein Partner gemacht hat, oder ein Kleidungsstück, das dein Partner besonders gern an dir sieht.

- Füttere deinen Partner mit Viagra und bringe ihn mit zärtlichen Berührungen auf Touren, bevor du Besuch von deinem Lover bekommst und dein Partner euch beim Sex zusehen muss, ohne dass er sich dabei selbst befriedigen darf. Wenn du besonders gemein sein willst, kannst du ihn vorher fesseln und seinen Penis dann zur Erektion bringen.

- Erlaube deinem Partner, sich mit einem Fleshlight (einer Masturbationshilfe) zu verwöhnen, während er euch beim Sex zusieht. Verbiete ihm aber entweder zu kommen oder sage ihm, dass er sofort den Raum verlassen muss, wenn er einen Orgasmus hat. Er wird vermutlich gegen seinen Höhepunkt ankämpfen, was aber zunehmend schwer werden dürfte, wenn er euch beim Sex zuschaut. Mach dich mit deinem Lover über seine Anstrengungen lustig.

- Lass deinen Mann unter dem Bett liegen, auf dem du mit deinem Lover vögelst.

- Knie vor deinem Lover nieder, damit er mit seinem Penis bis zum Orgasmus immer wieder in deinen Mund stoßen kann, während dein Partner deinen Kopf hält.

- Vergnüge dich mit deinem Lover auf dem Rücksitz eines Wagens, der von deinem Partner gesteuert wird. Sei dabei lauter und lustvoller, als es dein Partner sonst von dir kennt, und danke deinem Lover dann dafür, dass er dich derart beglückt hat. Lasst euch beim Ein- und Aussteigen von deinem Partner die Tür öffnen. Besonders launig kann diese Tour werden, wenn ihr zwischendurch ein Drive-in-Restaurant besucht.

Sobald ihr euch bei diesem Arrangement eingespielt habt, kannst du die Demütigung deines Partners mit folgenden Maßnahmen verstärken:

- Zeige dich beim Sex mit deinem Partner zunehmend gelangweilt und desinteressiert. Täusche hin und wieder ein Gähnen vor oder wirf zwischendurch einen Blick auf die Uhr oder dein Smartphone. Reagiere möglichst wenig auf sämtliche Liebkosungen und zeige keinerlei eigene Aktivität. Falls du doch feststellst, dass du dich einem Höhepunkt näherst, wechsle die Position, um ihn zu vermeiden. Tu so, als würdest du an andere Dinge denken, und sage Sätze wie »Komm schon, mach hin« oder »Wie lange noch?« Beim Sex mit deinem Lover hingegen lässt du dich völlig gehen, wenn dir dein Partner zuschaut. Stöhne, schreie, bäume dich auf, schlinge deine Beine um ihn und grabe deine Nägel in seinen Rücken, um dich immer mehr in Fahrt zu bringen.

- Zeige eine wachsende Abneigung gegen das Sperma deines Partners. Versuche zu vermeiden, dass du damit in Kontakt kommst. Bringe ihn dazu, sich statt in dich nur noch in Toilettenpapier oder seine Hand zu ergießen. Reagiere hingegen begeistert auf das Sperma deines Lovers.

- Teile deinem Partner mit, dass dir dein Lover verboten habe, weiterhin Sex mit ihm zu haben, woran du dich halten möchtest.

- Piesacke deinen Partner mit Ankündigungen, dass du Freunden und Bekannten Details aus eurem ungewöhnlichen Liebesleben erzählen wirst.

- Ziehe deinen Partner damit auf, wie unzufrieden seine Ex-Partnerinnen mit ihm gewesen sein müssen, und kündige an, ihnen zu erzählen, was aus seinem Sexleben geworden ist. Male aus, wie sie reagieren dürften.

- Berichte einer deiner besten Freundinnen, dass du dir einen oder mehrere Liebhaber nimmst und dein Partner ein Cuckold ist. Danach teilst du deinem Partner mit, dass du das getan hast, und erfreust dich an seiner Reaktion.

- Lass dich von deinem Lover jeden Abend anrufen, nachdem du ins Bett gegangen bist, sodass du beim Einschlafen an ihn denkst. Vielleicht weist du deinen Partner an, dich während des Telefonats zu lecken.

- Lass dir von deinem Lover spätabends oder nachts eine SMS mit der Aufforderung schicken, dein Bett zu verlassen und in seine Wohnung zu kommen, um mit ihm Sex zu haben. Erfülle ihm diesen Wunsch, ohne lang darüber nachzudenken.

- Geh mit deinem Partner Kondome kaufen. Sorge dafür, dass er von einer Verkäuferin bedient wird, und lass ihn nach der kleinsten Größe fragen. Lass ihn danach große Kondome für deinen Lover kaufen.

- Gib deinem Partner in Gegenwart deines Lovers eine Ohrfeige, wenn er sich deiner Ansicht nach falsch verhält.

- Besuch mit deinem Partner eine Party mit Freunden, zu der du auch deinen Lover mitbringst. Verschwinde zwischendurch mit deinem Lover und lass deinen Partner auf der Party zurück, wo allmählich demütigender Klatsch und Tratsch über euer Treiben entsteht.

- Geh mit deinem Partner, deinem Lover und dessen Freunden bowlen. Trag dabei knappe, aufreizende Kleidung und lass dich immer wieder von deinem Lover befummeln. Vielleicht willst du dich mit ihm sogar kurz auf die Toilette zurückziehen … Wenn dein Lover seine Freunde nicht in dieses Spiel mit einbeziehen möchte, könnt ihr auch zu dritt ein Fitnessstudio besuchen und Außenstehende Zeuge werden lassen.

- Gib deinem Lover einen Blowjob auf dem Parkplatz, während dein Partner Ausschau hält und sicherstellt, dass ihr ungestört und ungesehen bleibt.

- Besucht zu dritt einen Stripclub und lass eines der Mädchen dort deinem Partner einen Lapdance geben, während du dich mit deinem Lover vergnügst. Berichte dem Mädchen von eurem Arrangement. Die Chancen stehen gut, dass sie es ihren Kolleginnen erzählt und sie alle auf deinen Partner mit einer Mischung aus Amüsement und Verachtung reagieren.[72]

Die folgenden Ideen gehen noch ein Stück weiter:

- Lege deinem Partner einen Keuschheitsgürtel an und trage den Schlüssel an einer Kette um deinen Hals. Wie Keuschhaltung funktioniert, verrät ausführlich ein eigener Ratgeber, der in derselben Buchreihe erschienen ist wie dieser hier.

- Lass dich mit deinem Lover auf Praktiken ein, die du mit deinem Partner nicht machst, obwohl er sich das wünscht, beispielsweise Analsex.

- Tausche dich mit deinem Lover offen darüber aus, wie wenig ihr von deinem Partner haltet, während er gefesselt und geknebelt danebensitzt.

- Lass deinen Partner über das Telefon zuhören, wie du Sex mit deinem Lover hast, während du deinem Lover immer wieder mitteilst, wie viel besser er es dir besorgt als dein Partner.

- Lass deinen Partner dich und deinen Lover von außerhalb eures Hauses beim Liebesspiel zusehen, als wäre er ein Spanner. Es kann besonders prickelnd sein, wenn er sich dabei selbst befriedigt und darauf achten muss, nicht von Außenstehenden entdeckt zu werden.

- Lass deinen Partner das Auto deines Lovers waschen, während ihr euch miteinander im Bett vergnügt.

- Lass deinen Partner einen kurzen Urlaub (zum Beispiel ein Wochenende) mit deinem Lover bezahlen. Schicke ihm hin und wieder eine SMS oder Fotos, die zeigen, wie viel Spaß ihr miteinander habt.

- Erlaube deinem Partner nur noch, es mit einer Gummipuppe zu treiben, um zum Orgasmus zu gelangen. Das ist besonders demütigend, wenn du und dein Lover ihm dabei zusehen.

- Lass dir und deinem Lover von deinem Partner als Teil des Vorspiels die Füße oder den Rücken massieren. Sobald er euch damit ausreichend in Stimmung gebracht hat, treibt ihr es miteinander, wobei dein Partner in Vergessenheit gerät.[73]

Manche Praktiken sind emotional noch fordernder:

- Lass deinen Partner den Penis deines Lovers in dich einführen: bei jedem Stellungswechsel von Neuem. Gib ihm danach ein herablassendes Kompliment wie »braver Junge«.

- Lass deinen Partner auf dem Fußboden eures Schlafzimmers schlafen, in dem du mit deinem

Lover das Bett teilst. Nachdem dein Lover Sex mit dir hatte, fesselst du deinem Partner die Hände auf dem Rücken und legst ihm eine Augenbinde an. Dann legst du dich mit gespreizten Beinen aufs Bett und sagst ihm, dass er fünf Minuten Zeit hat, es dir ebenfalls zu besorgen. Mach dich mit deinem Lover darüber lustig, wie schwer es deinem Partner fällt, dich in dieser Situation zu beglücken. Mach deinem Partner klar, dass er auf seinen Orgasmus verzichten muss, wenn er deinen nicht innerhalb der fünf Minuten herbeiführen kann.

- Teile einer guten Freundin mit, dass dich dein Partner im Bett nicht befriedigen kann. Die Freundin sollte eingeweiht und bereit sein, sich an diesem Spiel zu beteiligen. Auch solltest du dich darauf verlassen können, dass sie nichts davon herumerzählt. Wenn deine Freundin sehr attraktiv ist oder dein Partner sie ansprechend findet – umso besser. Besonders weit ginge es, wenn du deinen Partner deiner Freundin zeigen lässt, wie »unzureichend« er sexuell ausgestattet ist.

- Wenn dein Partner einen Chef, Kollegen oder Bekannten hat, mit dem er nicht zurechtkommt, teile ihm mit, wie gern du von diesem Mann genommen werden würdest. Suche nach einer Gelegenheit, mit diesem Mann in Gegenwart deines Partners zu flirten.

- Lass dich von deinem Lover von hinten nehmen, während dein Partner unter euch liegt, sodass er aus nächster Nähe mitbekommt, wie du zum Orgasmus gebracht wirst, ohne dasselbe Vergnügen genießen zu dürfen. Du kannst dich auch so an ihn lehnen, dass er jeden Stoß deines Lovers spüren kann, wenn er dich nimmt.

- Bringt euch in eine Position, in der dich dein Partner inniglich küssen kann, während dich dein Lover vögelt, sodass dein Partner bei jedem Stoß spüren kann, wie du dabei aufkeuchst.

- Mach mit deinem Lover einen Wochenendurlaub, während dein Partner euch bedient, also etwa euer Gepäck trägt, euch mit Sonnencreme einreibt et cetera.

- Gib deinem Partner einen Zungenkuss, nachdem dein Lover in deinen Mund abgespritzt hat.

- Lass dich von deinem Partner lecken, nachdem dein Lover sich in deine Vagina ergossen hat.

- Lass deinen Partner ein T-Shirt mit dem Schriftzug »Cuckold« tragen. Du bekommst solche Exemplare problemlos etwa bei Amazon.[74]

Einige noch extremere Aktionen sind diese hier:

- Lass deinen Partner deinen Lover in Stimmung bringen, es mit dir zu treiben, etwa indem er vor ihm niederkniet und ihn mit seiner Zunge zur Erektion bringt. Teile deinem Partner dabei sarkastisch mit, wie gut er das macht.

- Lass deinen Partner die Hoden deines Lovers lutschen, während du es mit deinem Lover treibst. Eine günstige Position dafür ist, dass dein Lover auf einem Stuhl sitzt und du ihn dann besteigst.

- Bringe eine gute Freundin dazu, auf deinen Partner aufzupassen, während du mit deinem Lover unterwegs bist. Beispielsweise kann sie überwachen, dass dein Partner währenddessen nicht onaniert, oder sie kann ihn befragen, wie er sich dabei fühlt, wenn er weiß, dass du es gerade mit einem anderen Kerl treibst.

- Lass deinen Lover in ein Getränk oder auf eine Scheibe Brot abspritzen, welches du deinem Partner dann zum Verzehren gibst. Du kannst ihn auch ein Kondom auslutschen lassen, das dein Lover beim Sex mit dir getragen hat.[75]

Natürlich kannst du auch die »extremen« Varianten noch weiter steigern, zum Beispiel wenn dein Partner zu weitergehenden bisexuellen Aktionen bereit wäre oder wenn du dich von mehreren Männern zugleich berühren lassen möchtest.

Worauf solltet ihr bei der Suche nach einem Lover achten?

Angenommen, du hast dich mit deiner Partnerin darauf geeinigt, dass ihr Cuckolding zumindest ausprobieren möchtet. Wie findet ihr nun den Lover, der mit dem Partner des Cuckolds ins Bett geht, und worauf solltet ihr bei seiner Auswahl besonderes Augenmerk legen? Folgende Tipps und Denkanstöße können hilfreich sein:

- Sprecht erst einmal darüber, was jedem von euch wichtig ist. Ein erstes Brainstorming könnt ihr bei der gemeinsamen Selbstbefriedigung starten: Erzählt euch dabei, was jedem von euch in seiner Fantasie vorschwebt. Macht das ein paarmal und unterhaltet euch danach mit kühlem Kopf darüber. So sollte sich bald ein Bild eurer gemeinsamen Träume ergeben.[76]

- Keine gute Idee ist es, einen solchen Lover im Kreis eurer Freunde zu suchen. Vor allem, wenn das Cuckolding nicht so gut läuft wie erwartet, sondern in irgendeiner Hinsicht problematisch wird, wäre dann auch eure Freundschaft gefährdet – möglicherweise sogar euer Freundeskreis insgesamt.[77]

- Stattdessen bieten sich dafür Online-Kontaktbörsen und Dating-Apps an: Nicht wenige davon bieten die Möglichkeit, jemanden zu suchen, der bei einem Dreier mitmacht. Insbesondere die britische App *Feeld* (vormals *3nder*) hat sich zum Ziel gemacht, Menschen zueinanderzubringen, die nicht nur zu zweit miteinander ins Bett gehen möchten.[78] Auch Singlebörsen, bei denen man keinen festen Partner, sondern lediglich einen Sexkontakt sucht, bieten sich an. Dasselbe gilt für Websites der Swingerszene wie *friends69.com* und *poppen.de*, wo man eine eigene Rubrik für Cuckolding findet,[79] sowie die speziell aufs Cuckolding ausgerichtete deutschsprachige Kontaktbörse *cuckoldkontakte.com*.

- Vielleicht gibt es in eurem Umkreis auch einen Swingerclub oder eine Sexparty? Das könnt ihr im Internet schnell herausfinden – und dann dort vielleicht jemanden treffen, der für euch infrage kommt.[80]

- Denkt daran, dass die Person, die ihr ansprecht, kein besseres Sexspielzeug ist: Ihr könnt diesen Menschen nicht einfach einsetzen, um zum Orgasmus zu kommen, und dann wieder wegschicken. Macht ihm von Anfang an klar, dass ihr ihn als gleichwertig akzeptiert. Das könnt ihr tun, indem ihr ihn danach fragt, worauf er beim Sex steht, was er sich von diesem Arrangement erwartet und was ihm sonst noch wichtig ist. Möchte er zum Beispiel uneingeschränkten Zugang zum Partner des Cuckolds oder ist er gern bereit, nur zu vorher vereinbarten Zeiten zu erscheinen? Möchte er den Cuckold während des Sex mit dessen Partner dabei haben oder nicht?

- Sobald alles grundsätzlich zu passen scheint, könnt ihr euch zu dritt treffen, um zu schauen, wie gut ihr zusammen harmoniert. Entspricht jemand, den ihr bisher nur online kanntet, von Alter, Aussehen und Fitness der Art, wie er sich beschrieben hat? Wirkt er sympathisch oder irgendwie seltsam? Fühlt ihr euch immer noch wohl miteinander? Oder beginnt einer von euch, je heftiger die Flirts und Blicke werden, sich doch noch unwohl zu fühlen und möchte lieber aussteigen? Welche konkreten Fantasien habt ihr und wie würdet ihr darangehen, sie zu erfüllen? Weiß jeder, wo der andere wunde

> Punkte hat, und wie er sich am besten verhält, um ungewollte Verletzungen zu vermeiden? In einem solchen Gespräch dürftet ihr einen guten Eindruck dafür gewinnen, wie überlegt, einfühlsam und verantwortungsbewusst der Mann ist, den ihr fürs Cuckolding gewinnen wollt.[81]

Aber auch derjenige, mit dem ihr euch trefft, wird sich überlegen, ob ihr für ihn infrage kommt. Je besser ihr erklären könnt, was genau ihr sucht, desto eher dürftet ihr jemanden finden, der zu euch passt und eure Bedürfnisse erfüllen kann. Geht es euch zum Beispiel vor allem um einen Stecher, der gut gebaut ist und lange durchhält, oder um eine dominante Persönlichkeit, die euch vielleicht sogar beide unterwerfen kann, ohne eure Grenzen zu überschreiten? Möglicherweise müsst ihr euch mit vielen verschiedenen Leuten treffen, bis ihr jemanden gefunden habt, der wirklich passt.[82]

Zentrale Themen, die ihr unbedingt von vornherein besprechen solltet, sind Verhütung und Safer Sex. In dieser Hinsicht sollte niemand von euch eine böse Überraschung erleben. Da allerdings keine Verhütungsmethode hundertprozentig wirkt, solltet ihr auch ansprechen, wie ihr mit einer Überraschung dieser Art umgehen würdet.[83]

Bei solchen ersten Treffen gelten dieselben Sicherheitsregeln wie sonst beim Daten von Fremden: Gebt anfangs keine persönlichen Informationen wie eure Adresse preis, trefft euch immer an einem öffentlichen Ort und sorgt für ein eigenes Transportmittel zum und vom Treffpunkt. Wenn einer von euch allein unterwegs ist, sollte sein Partner wissen, wo er sein wird und wann er zurück sein sollte.[84]

Der ideale Lover für ein Arrangement, wie es euch vorschwebt, ist jemand, der im Bereich von Cuckolding schon Erfahrung gesammelt hat und so zum Beispiel weiß, dass er auch die sexuellen Bedürfnisse des Cuckolds erfüllen muss, damit die Sache funktioniert – selbst wenn diese Bedürfnisse darin bestehen, verhöhnt und gedemütigt zu werden.[85]

Es wäre allerdings ein extremer Glückstreffer, wenn ihr schon bei eurem ersten Gespräch mit jemandem, der für euch infrage kommt, auf so jemanden stoßen solltet. Wappnet euch lieber mit ein wenig Geduld und macht euch klar, wie viele Möglichkeiten es gibt, enttäuscht zu werden. Ein paar Beispiele:

- Der Möchtegern-Lover stellt fest, dass er im Bett einfach nicht »seinen Mann stehen kann«, wenn ihm der Partner der Frau, mit der er es treiben soll, dabei zusieht. Oder aber, er ist derart aufgeregt, dass er viel zu schnell kommt.

- Der Mann, für den ihr euch entschieden habt, kam in seinen Mails und am Telefon überaus dominant und selbstsicher rüber, aber als es zur Sache gehen soll, taucht er einfach nicht auf und meldet sich auch nicht mehr. Vielleicht war er viel nervöser, als er zugeben wollte; vielleicht ist er aber auch einfach nur ein »Trophäensammler« und geilt sich allein an einem erotischen Foto auf, das ihr ihm zugeschickt habt. Womöglich genügt ihm auch schon das Telefonat oder der Mailwechsel, um seine Lust zu stillen. Das Cuckolding läuft für ihn dann allein auf dieser Ebene ab, ohne dass er euch darüber informiert hat.

- Der Lover ist allzu dominant, überschreitet die Grenzen der Person, mit der er im Bett ist, und tut wiederholt Dinge, die sie nicht möchte, ohne sich um ihren Protest zu scheren.

In all diesen Fällen heißt es für euch, die Enttäuschung wegzustecken und unverdrossen einen neuen Anlauf zu wagen, wenn euch das Cuckolding an sich weiterhin reizvoll erscheint.[86]

Wie vermeidest du zu große emotionale Bindung an deinen Lover?

Ein spezielles Risiko bei Cuckold-Spielen sollte nicht unerwähnt bleiben: die Gefahr, dass aus dem Spiel unerwartet ernst wird, sich die Partnerin des Cuckolds also unversehens in ihren Lover verliebt. Der Cuckold mag seine Angst davor zu sexueller Erregung umwandeln, aber das ändert nichts daran, dass diese Angst eine reale Ursache hat. Wenn du der Partner eines Cuckolds bist und irgendwann feststellst, dass du ständig an deinen Lover denken musst, dir überlegst, wie er als fester Partner wäre, und vor deinem tatsächlichen Partner wichtige Dinge verheimlichst, ist die Sache aus dem Gleis geraten. Aus folgenden Gründen ist diese Entwicklung problematisch:

- Es ist durchaus vorstellbar, dass dein Lover es als reizvolles Spiel oder als Herausforderung empfindet, dich deinem festen Partner zu »rauben« und sich darüber hinausgehend nie ernsthaft mit der Vorstellung beschäftigt hat, wirklich dein fester Partner zu werden. Im Ernstfall stünde er dann nicht zur Verfügung, dich emotional aufzufangen.

- Die Beziehung mit deinem festen Partner ist die Realität; die Vorstellung, wie dein Lover als Partner wäre, ist eine Fantasie, in die du alles Erdenkliche hineinträumen kannst, das mit der Wirklichkeit nichts zu tun hat. Das Gras auf der anderen Seite des Zaunes sieht immer grüner aus. Allerdings entpuppt sich diese Wahrnehmung oft als Täuschung.

Natürlich gibt es auch hier keine Technik, die immer und jederzeit verhindert, dass Liebe dort entsteht, wo man sie gerade nicht gebrauchen kann, und alles durcheinandergerät. Aber es gibt ein paar Techniken, wie du dafür sorgen kannst, dass eure Partnerschaft einer Belastung wie der geschilderten nicht ausgesetzt wird:

- Sprich von Anfang an offen und ehrlich mit deinem Partner und über die Gefühle, die du beim Cuckolding empfindest.

- Stellt feste Regeln auf, dass bestimmte intime Dinge allein euch beiden gehören und dass dein Lover davon ferngehalten wird. Welche Dinge das sind, bleibt allein euch beiden überlassen. Ein denkbares Beispiel wäre, nach der heißen Nacht nur Frühstück mit dem festen Partner zu haben, nachdem der Lover verabschiedet wurde.

- Führe keine tiefgehenden emotionalen Gespräche mit deinem Lover – erst recht nicht in Abwesenheit deines Partners.

- Erlaube dir keine fantasievollen Tagträume, wie toll es wäre, mit deinem Lover statt mit deinem Partner zusammen zu sein.

- Verbringe deutlich mehr Zeit mit deinem Partner als mit deinem Lover.[87]

Wie verhältst du dich beim Cuckolding, wenn du der Lover bist?

Bis jetzt hat sich dieser Ratgeber vor allem an den Cuckold und seinen Partner gerichtet. Wie ist es aber, wenn du die Rolle des Lovers übernommen hast? Brauchst du keine Tipps, weil du ja nichts anderes zu tun hast, als mit dem Partner des Cuckolds zu vögeln, was du problemlos hinbekommen solltest? Nun, etwas komplexer ist die Rolle des Neuankömmlings in einer Paarbeziehung schon – erst recht, wenn es sich um ein Unterwerfungsszenario handelt.

Folgende Tipps können dir helfen, diese Rolle gut auszufüllen:

- Viele der Tipps, die für ein Paar gelten, das nach einem Lover sucht, gelten auch für dich, wenn du zu einem solchen Paar stoßen möchtest. Du kannst also selbst auch zur Sprache bringen, was du beim Cuckolding gern erleben möchtest und was für dich auf keinen Fall infrage kommt. Bist du mehr als eine Orgasmushilfe für sie? Wirkt ihre Partnerschaft offen und stabil oder liegen Eifersucht, Unsicherheit und Heimlichkeiten in der Luft? Könntest du mit der Situation umgehen, wenn es im Bett schließlich doch zu einer unschönen Szene kommt und dir vielleicht sogar jemand die Schuld dafür gibt?[88]

- Für eine SM-Beziehung und ein SM-Rollenspiel ist es wesentlich, vorher Tabus und Grenzen auszuhandeln: Was darf und sollte passieren und was auf keinen Fall? Wenn du als dominanter Teilnehmer dieser Beziehung dazukommen solltest, gilt das auch für dich. Du solltest besser nicht davon ausgehen, dass du sowieso alles machen darfst, was dir in den Kopf kommt, sondern vorher mit dem Cuckold und seinem Partner darüber sprechen.

- Das bedeutet, dass es dir ein Anliegen sein sollte, dass es auch dem Cuckold innerhalb des gesteckten Rahmens gut geht und seine Bedürfnisse befriedigt werden. Du darfst ihn also nur dann herumscheuchen, herabsetzen oder schikanieren, wenn er vorher sein Einverständnis zu allem gegeben hat. Andernfalls kann es sein, dass du ihn ernsthaft vergrätzt, und sich das Paar daraufhin nach einem anderen Lover umsieht.

- Versuche auch nicht, den Partner des Cuckolds auszuspannen und selbst als Partner zu gewinnen. Vermutlich besteht bei einem Paar, das sich auf ein Cuckold-Szenario einlässt, eine tiefe Bindung, Vertrauen und gegenseitige Treue. Die beiden Partner dürften auch schon intensiv darüber gesprochen haben, was sie vom Cuckolding erwarten, bevor sie sich nach jemandem wie dir umgeschaut haben. Wenn du jetzt also plötzlich deinen eigenen Kopf durchzusetzen versuchst, bist du schnell ein Störfaktor in dieser Beziehung.[89]

- Wie du merkst, ist deine Situation eher das Gegenteil davon, dass du machen darfst, was du willst: Als Neuer in einer Partnerschaft bist du womöglich von vielen Fettnäpfchen umgeben, die nur darauf warten, dass du hineinstiefelst. Wie gehst du damit am besten um? Mit Zurückhaltung und Sensibilität. Das bedeutet: Bei den ersten Treffen wartest du erst einmal ab und bleibst besonnen. Du übernimmst nicht von dir aus die sexuelle Initiative, sondern versuchst stattdessen, dir ein möglichst klares Bild davon zu machen, was die beiden Partner von dir erwarten, bis du ein klares Signal erhältst, dass es gleich losgehen kann. Bevor ihr zur Sache schreitet, braucht ihr ein wenig Zeit, um euch kennenzulernen und um einzuschätzen, was ihr alle drei eigentlich wollt und wie man diese Wünsche in Einklang bringen kann. Die Rolle des arroganten Mistkerls oder Miststücks kannst du – falls gewünscht – immer noch übernehmen, wenn eure Beziehung ein wenig eingespielt und allen Beteiligten klar ist, dass du dich nicht wirklich für Gottes Geschenk an die Menschheit hältst.[90]

Eine Website zum Cuckolding erklärt, dass du als Dritter beim Cuckolding prinzipiell dieselben Schritte tun solltest wie in anderen Einsatz- und Lernsituationen:

- Beobachte: Höre mehr zu, als selbst zu sprechen. Versuche, die Motivationen und Bedürfnisse der beiden Partner zu verstehen.

- Orientiere dich: Wie kannst du den größten Nutzen für alle Beteiligten bringen?

- Entscheide: Wähle deine Aktionen so aus, dass sowohl deine Bedürfnisse als auch die der beiden Partner erfüllt werden.[91]

Erst sobald das alles eingespielt ist, kannst du es richtig genießen, Sex mit dem Partner eines anderen Menschen zu haben.

Damit gelangt dieser Ratgeber zu seinem Ende. In welcher Rolle auch immer du in einer nicht ganz unkomplizierten Cuckold-Beziehung steckst, weißt du jetzt, was du erwarten darfst und womit du selbst am besten dazu beitragen kannst, dass jeder von euch voll auf seine Kosten kommt. Ich jedenfalls wünsche euch in dieser Hinsicht nur das Beste!

In diesem Sinne:
Viel Vergnügen
und spannende, lustvolle Stunden.

Internet-Story: Arne Hoffmann
Von der Ehefrau erniedrigt

»Was hältst du eigentlich von diesen Cuckold-Spielen?«, raunte mir Yvonne mit gesenkter Stimme zu.

Ich sah von meiner Pizza auf und starrte meine Freundin einen Moment lang fassungslos an. Dann ließ ich meinen Blick über die Nebentische schweifen. Niemand schaute zu uns hinüber. Gut. Ich wäre in meinem Lieblingslokal ungern für mein Sexleben bekannt geworden.

»Wovon sprichst du?«, erwiderte ich, als ob ich den Begriff »Cuckold« noch nie gehört hätte. Dabei sprach ich ebenfalls so leise, dass niemand unser Gespräch mithören konnte.

Yvonne strahlte mich an. »Einer der beiden Partner hat Sex mit einem anderen Mann oder einer anderen Frau. Das ist aber kein Seitensprung, sondern ein sexuelles Spiel. Der Partner der betreffenden Person bekommt das mit und ist oft dabei oder zumindest in der Nähe.«

Ich verschluckte mich und musste mich erst mal freihusten. »Ich glaube nicht, dass mir das Spaß machen würde, wenn ich dabei zugucken müsste, wie dich ein anderer Kerl besteigt.«

Yvonne grinste. »Klar, das ist natürlich ziemlich heftig. Was ist, wenn du nur in der Nähe wärst?«

Wie so oft bei Yvonne kam dieser mehr als ungewöhnliche Vorschlag scheinbar aus heiterem Himmel. Ich hatte mich an derartige Überfälle fast schon gewöhnt – soweit man sich an so etwas überhaupt gewöhnen kann. Diesmal war Yvonne allerdings auch für mich ein bisschen zu extrem.

»Das ist nicht dein Ernst«, erwiderte ich.

Sie zuckte mit den Schultern. »Ich bekomme ja auch mit, was für Pornos du dir am liebsten anschaust. Es sind ziemlich oft Filme mit einer starken Frau, die macht, was sie will, und einem Mann, der damit irgendwie klarkommen muss.«

Ich lachte. »Na sicher, was erwartest du? Das ist doch mein Leben.«

Yvonne lachte mit. »Ich merke schon, dass dir das auch im Bett Spaß macht. Immer wenn es um Kontrollverlust geht, wirst du besonders scharf. Egal ob ich dich fessele, dir die Augen verbinde oder dir Schritt für Schritt sage, was du als Nächstes tun sollst.«

»Vielleicht macht es mir einfach Spaß, dich glücklich zu machen.«

»Vielleicht würde mich so ein Cuckold-Spiel glücklich machen. Und du könntest es extrem scharf finden. Es ist dabei doch wie bei allem anderen: Bevor man es nicht wenigstens mal versucht hat, kann man nicht sagen, ob man es scheiße findet oder megascharf.«

Ich nahm einen Schluck von dem Wein, den wir zu unserer Pizza tranken, und dachte über Yvonnes Vorschlag nach. Ich fand ihn wirklich schräg und er machte mir auch ein wenig Angst. Aber als ich tiefer in mich hineinfühlte und mich fragte, wie es mir wohl dabei gehen würde, wenn Yvonne als Teil eines erotischen Spiels mit einem anderen Typ in die Kiste steigen würde, musste ich feststellen, dass mich diese Fantasie tatsächlich erregte. Ich hatte keine Ahnung, warum mich ausgerechnet solche Dinge aufgeilten. Aber so war es nun mal, und ich hegte den starken Verdacht, dass Yvonne inzwischen sehr klar war, dass ich auf diese Weise tickte. Einem anderen Mann hätte sie einen solchen Vorschlag wohl nicht gemacht. Ein anderer Mann hätte sie mit vorwurfsvollen Fragen bestürmt, wie sie überhaupt auf die Idee kommen könne – er würde es akzeptieren, wenn sie sich mit einem anderen Kerl im Bett wälzte.

»Wie findet man überhaupt jemanden«, wollte ich wissen, »der bei so einem Spiel mitmacht? Gibt es da irgendwelche Foren im Internet?«

Yvonne zuckte mit den Schultern. »Ich habe eigentlich an einen Mann gedacht, der in meinem Fitnessclub ist. Er heißt Kai.«

»Du willst mit einem Mann in die Kiste, der im selben Fitnessclub ist wie du?«, vergewisserte ich mich und ließ in meinem Tonfall deutlich erkennen, wie unfassbar ich das fand.

Aber Yvonne blieb vollkommen unbeeindruckt. »Keine Ahnung, ob er sich das überhaupt vorstellen kann«, sagte sie. »Ich müsste ihn mal fragen.«

***

Zwei Wochen später.

Ich konnte noch immer nicht ganz begreifen, wie mich Yvonne dazu bekommen hatte, auf ihren verrückten Vorschlag einzugehen, und ich erinnerte mich wieder einmal daran, dass sie leider auch das Talent hatte, andere zum Mitmachen bei Aktionen anzustiften, die man hinterher übel bereute.

Yvonne und ich hatten unsere eigene kleine Wohnung, die auch über ein Gästezimmer verfügte. In genau dieses Zimmer führte mich Yvonne an diesem Abend ...

GRATIS

Um diese heiße Story (8 Seiten)
von Arne Hoffmann weiter zu lesen,
füllen Sie einfach die beiliegende
Postkarte aus oder
geben Sie folgenden Code
»AH19TBPBER«
im Internet auf www.lebe.jetzt ein.

Weitere erotische Ratgeber:

Alle Männer lieben einen guten BlowJob.

Daher freue ich mich darauf, dich auf eine Reise zum perfekten Blowjob zu entführen.

Denn eine Frau, die die Kunst des Blasens richtig beherrscht, kann ihrem Partner unglaubliches Vergnügen bereiten.

Netter Nebeneffekt:
Ein Kerl, der dich als BlowJobGöttin kennenlernt, wird dir aus der Hand fressen ...

Deine Tina Rose

Erotische Geschichten von www.blue-panther-books.de:

LESEPROBE:

MARTIN KANDAU

CUCKOLDS PARADISE

EROTISCHER ROMAN

1

Marion sah mich in ihrer Überraschung gleichzeitig verzweifelt und vorwurfsvoll an. Sie schwankte zur Sprachlosigkeit hin und schwankte wieder zurück.

»Wie kannst du dir das nur vorstellen? Oder es dir sogar wünschen? Ich bin doch deine Ehefrau! Wir sind so glücklich miteinander, und wir lieben uns doch!«

Ich nickte zustimmend, um ihr die Zweifel zu nehmen, falls sie diese wirklich hatte.

»Und ich hab mich schon gewundert. Ich hab schon gedacht, du wärst tatsächlich ein Mann ohne eine einzige schlechte Eigenschaft«, seufzte sie laut.

»Wenn es eine schlechte Eigenschaft ist, dass man sexuelle Fantasien, Ideen und Wünsche hat«, erwiderte ich lakonisch.

»Na, du hast gerade gesagt, dass du mich gerne mal mit anderen Männern sehen würdest. Dass du es sehen willst, wie ich beim Sex einen anderen Schwanz drin hab!«

»Ich denke, dass es mir den Kick geben würde. Es hat so einen starken Reiz, wenn ich es mir vorstelle. Ich kann es dir nicht erklären, warum es so ist. Ich kann der Idee einfach nicht widerstehen.«

»Aber wir sind so innig miteinander. So eins! Wir stimmen total überein, unsere Gefühle, unsere Gedanken. Ich liebe dich! Deshalb will ich nur deinen Schwanz in mir haben, sonst keinen, verstehst du?«

Ihr Gesicht verzog sich beinahe geschmerzt. In ihrer verzweifelten Stimme klang etwas von dem Drama und der Tragik, die in der Vorstellung lag, unsere eheliche Intimität und Liebe dem harten, nackten Abenteuer auszuliefern. Ich erkannte die Integrität einer treuen Ehefrau und spürte unter der reinen, leicht gebräunten Haut die Angst. Ihr seidenhaftschöner Körper schmiegte sich an die weinrote Bettdecke. Und ich war ihr ganz nahe und genoss ihre nacktblonde Schönheit. Ich spürte die ganze sinnliche Wärme und diese magische Natürlichkeit, die meine Frau in sich vereinte. Ihre Stärken. Mir schien, mehr Frau als sie konnte es nicht geben. Für mich hatte sich in ihr die ewig lockende Venus verwirklicht.

»Ich liebe dich auch, Marion. Ich vergöttere dich sogar. Mein Glück mit dir fließt über! Und als ich diese Idee in Worte ausgesprochen hab, da ging es um nichts anderes als einen sexuellen Wunsch. Es ist ein lustvoller Reiz. Eine Neigung. Eine dunkle Begierde in mir, die irgendwann begonnen hat und immer stärker wird. Ja, ich glaube, es würde mir eine tiefe Befriedigung geben. Ich glaube, es würde mir den absoluten Kick geben, dich zu sehen, wenn du einen anderen Schwanz drin hast!«

Sie lag auf dem Rücken, den Kopf gebettet auf ihre langen blonden Locken. Mit ihren schimmernd schönen Augen sah sie mich groß an und rang danach, mich zu verstehen.

»Ziemlich harte Neigung. Für andere Ehemänner wäre das ein Trauma. Für die würde da eine Welt untergehen!«

»Ich weiß nicht. Viele Männer haben diese Neigung, sie haben die Fantasie, als Beobachter ihre eigene Frau mal beim Sex zu erleben. Sie gestehen sie nur nicht vor sich selbst oder vor ihren Ehefrauen ein. Das lässt ihre Männlichkeit nicht zu oder ihre Eitelkeit oder ihre Angst vor Verlust. Aber dem Reiz widerstehen könnten sie nicht …«

»Wer weiß, ob das stimmt«, zweifelte sie.

»Viele Männer, gerade in einer Beziehung, sind auf der Suche nach neuer lustvoller Inspiration und dem gewissen Kick. Und die Frauen vielleicht auch … Viele Männer wollen der Frau, die sie schon so lange lieben, mit einem neuen starken Verlangen begegnen!«

Marion stand vom Bett auf. Und stand hadernd da. Die sinnliche Blondine verschränkte die Arme über ihren schweren, schönen Brüste, als wollte sie sie vor mir verstecken. Es waren große, glockige Naturbrüste. Und Marion stand da und konnte ihre reich geformte Nacktheit kaum vor mir verbergen. Doch in diesem Moment herrschte eine bisher nicht gekannte Distanz zwischen uns. Jeder fühlte sich mit sich allein in seiner Nacktheit nach dem Sex.

»Ich glaube, ich bin nicht so«, erklärte Marion.

»Woher willst du das wissen? Indem du es nicht ausprobierst?«

»Du hast mal gesagt, man muss nicht von einem Hochhaus springen, um zu wissen, dass es nicht gut für einen ist.«

»Das ist gerade kein guter Vergleich, weißt du. Sei doch froh, dass ich das so reizvoll finde. Ein gewagter, verbotener Wunsch, der mich einfach total fasziniert, mich fesselt. Das ist in mir. Aber sieh: Auf die Art hast du einen treuen Mann fürs Leben und kannst doch immer wieder neue Erfahrungen machen, wenn du das willst.«

»Aber ich glaube, ich bin nicht so! Wenn ich einen Mann liebe, aber andere Schwänze in mir hab, dann fühl ich mich doch wie eine Hure!«

»Das muss nicht schlecht sein. Wenn du die Hure in dir befreien kannst, dann kannst du all deine sexuellen Fantasien und Sehnsüchte ausleben. Du kannst Träume aus deinen dunkelsten Tiefen verwirklichen.«

»Ich meinte, wenn ich so was tue, dann würde ich mir wahrscheinlich wie eine Hure vorkommen, die auf der Straße steht.«

»So wird es nicht sein«, sagte ich, »diese Hure wird nur eine sehr aufregende Figur zwischen dir und mir sein.«

»Ich kann das nicht!«, klagte sie seufzend.

Und mir wurde die ganze Unschuld meiner Frau klar. Ich zog sie zärtlich wieder zu mir aufs Bett und legte meine Arme und Hände warm um ihre Nacktheit. Ich küsste diese großen Ehe-Brüste, die für mich die Symbole meiner sexuellen Geborgenheit waren und an denen ich so glücklich war.

»Du sollst diese Hure doch nur in unserer Ehe zeigen, nicht am Straßenrand. Zeig sie mir und zeig sie dir selbst. Lass deine geheimen Lüste raus. Lass dich in sie fallen. Genieße sie! Ohne dieses ständige Gefühl von Verantwortung und Verlässlichkeit, ohne diese ständige Haltung von Anstand und Scham, die uns durch den Alltag begleitet. Unsere Liebe und unser Vertrauen werden dadurch nicht zerstört. Aber wenn wir unsere tiefsten Sehnsüchte und Lüste nicht leben, dann wird es immer Geheimnisse zwischen uns geben, Unbefriedigtes und Unerfülltes. Das ist eine größere Gefahr als gemeinsam etwas mehr Offenheit zu wagen. Lass es uns versuchen. Wir werden uns dabei an der Hand halten und uns dabei in die Augen sehen. Niemand wird einen Schritt gehen, den der andere nicht mitmachen will.«

Ich las in ihrem Gesicht, dass sie mir zuhörte. Und dass sie wirklich nachdachte über das, was ich sagte.

Nach einer Weile meinte sie: »Ich weiß nur nicht, ob ich das kann. Ich bin kein extrovertierter Mensch, das weißt du. Ich bin einfach so. Zu unschuldig und schamvoll. Ich weiß nicht, ob ich es zeigen kann. Vielleicht verlangst du zu viel von mir!«

»Verlange ich es denn?«

»Ich spüre, wie sehr du es willst. Und ich will deine Wünsche erfüllen. Immer. Weil ich dich so liebe. Aber dieses Mal weiß ich nicht, ob ich das kann!«

»Wir werden sehen«, sagte ich und lächelte vertrauensvoll.

Marions melancholischer Blick, jetzt voller Unsicherheit und Verzweiflung, lag auf mir. Ihre Worte offenbarten so viel Unschuld und Ehrlichkeit. Ich sah sie an und fasste ihr sanft ins Haar. Meine Finger spielten mit ihren langen blonden Locken, und ich war erfüllt von meiner Liebe. Ich vergötterte Marion wirklich. Dass sie daran zweifelte, erschien mir so absurd. Aber ich konnte es auch verstehen, angesichts des gewagten Geständnisses, das ich ihr vor ein paar Minuten beim Sex gemacht hatte und das in meinem Herzen das harte Pochen vollkommener Erregung ausgelöst hatte und in meinem Schwanz einen Orgasmus von nie erlebter Stärke.

Ich versank in pure Selbstvergessenheit, als ich ihre großen Brüste fasste und liebkoste. Ihre Brustwarzen waren klar definiert und wunderschön, mit gefühlvollen, leicht erregten Spitzen, um die sich helle, zartrosa Höfe legten. Ich berührte sie, ich küsste sie, während ich die warme seidene Schwere der Brust in meiner Hand hielt. Marions Titten waren vorspringend und prangend, sie waren die vollkommenen Rundungen, sie waren meine Heiligtümer. Ich betete sie an.

»Mein Gott, wie ich deine Titten liebe!«

Da erwiderte sie: »Würdest du es aushalten, wenn ein anderer Mann sie berührt? Wärst du tatsächlich stark genug?«

Nach einer Atempause antwortete ich: »Die Frage brennt in mir …«

Bisher war es immer nur eine Fantasie in meinem Kopf gewesen. Etwas, was ich mir beim Sex vorstellte und was mich heftig zum Orgasmus brachte. Dass ich es meiner Frau jetzt gesagt hatte, war unglaublich. Es war keine reine Fantasie mehr. Keine unsichtbare Sehnsucht mehr, sondern ein unerhörter Wunsch, heiß und tabu, aber real dadurch, es ausgesprochen zu haben. Dass Marion es nun wusste, löste so viel in mir aus. Orgasmen im Kopf. Kleine vulkanische Ausbrüche verbotener sexueller Befriedigung.

Ich hatte meiner Frau gestanden, dass ich sie gern beim Sex sehen würde, einen anderen Schwanz in sich drin, der sie durchfickt, es ihr richtig besorgt und dann tief in ihr abspritzt. Es hatte mich so gereizt. Eine übermächtige, wahnwitzige Faszination, es ihr zu sagen. Ein fast dämonischer Reiz. Ein gewaltiger Kick, der darin lag. So stark, als würde ich überhaupt zum ersten Mal einen Kick erleben. Es fühlte sich so geil an, dass sie es wusste, diese Vorstellung nun auch in ihrem Kopf war.

Oder hätte ich vielleicht schweigen sollen? Ich war unsicher. Wurde so ein unerhörter Wunsch meiner Liebe und unserer Ehe gerecht, den Gefühlen, die uns verbanden und unserer gegenseitigen Verlässlichkeit? Kam ich mit diesem Geständnis klar, und was war mit meiner Frau? Aber geschwiegen hatte ich schon eine Zeit lang, und jetzt war ich von meinem Geheimnis befreit. Ich hatte gewusst, dass ich es Marion anvertrauen konnte. Sie war unschuldig und etwas schamhaft, aber sie war keiner dieser von Moral verengten Kleinbürger. Sie hatte einen weiten Horizont. Und hinter diesem Horizont, da lag etwas Dunkles und Lustvolles, in das Marion mit ihrem melancholischen Blick hinschaute, ohne es selbst zu wissen. Dort schlummerte etwas Geheimnisvolles und Ungelebtes, etwas, das Sehnsucht hatte, vielleicht irgendwann entdeckt zu werden. In Marions Melancholie, die für mich etwas Unerklärliches und Reizvolles hatte, vermutete ich immer die Sehnsucht, sich einmal vollkommen fallen zu lassen. Es war ihr nicht bewusst, woher sollte sie es auch wissen, und auch ich musste noch vieles entdecken.

In den folgenden Tagen machte ich mir Gedanken. Ich fragte mich, was das für eine Erregung war, die einen so hammerharten Herzschlag auslöste. Was für ein Reiz, der so stark war. Was für eine Neigung, die einen so faszinierte und so atemlos machte und die schon durch bloße Worte so brennend befriedigend gewesen war. Ich ging auf die Suche, um diese Abgründe in mir erklären zu können.

Cuckold nannte man das wohl. Die Lust zu sehen, wie die eigene Frau von einem anderen Mann genommen wurde. So beschrieben es zumindest die einschlägigen Seiten, die ich durchforstete. Es gab verschiedene Härtegrade. Ich war ein mittelschwerer Fall, was diese Neigung anging. Ich spürte ohne Zweifel, dass ich sie hatte. Es war die stärkste Faszination, die ich mir vorstellen konnte. Ich wollte meine schöne und schamvolle Frau mal beim Sex mit einem anderen erleben. Wollte Zuschauer sein, wollte sehen, wie sie sich hingab und sich nehmen ließ, ich wollte ihr Gesicht dabei sehen, ihre Regungen, Gefühle und Geräusche erleben, ihre Stimme hören, vielleicht so, wie ich sie nie zuvor gehört hatte. Ich wollte ihren Atem spüren und ihren Schweiß riechen, ihre Intensität erleben und ihre Erschöpfung beobachten. Ich wollte sehen, wie sie einen anderen in unsere eheliche Intimität einließ, ihn aufnahm, ihn mit der Liebe umgab wie sonst nur mich. Ich wollte, dass sie küsste und mit ihren sanften, liebevollen Händen streichelte und mit ihrem unschuldigen Schoß Sünde beging. Ich wollte, dass wir unsere eheliche Unschuld verloren. Nur für den Kick? Wahrscheinlich.

Ich hatte mich schon oft gefragt, warum diese Fantasie so eine starke, übermächtige Wirkung auf mich hatte. Warum ich ihrem dämonischen Reiz nicht widerstehen konnte. Warum sie mich geradezu obsessiv beherrschte. War es das Risiko? War es das Verbotene? War es vielleicht die gleiche Gier, mit der man einen Skandal betrachtete? War es das Unglaubliche? Das Dramatische? Das Tragische? So sehr ich diesen starken Reiz spürte, so wenig konnte ich ihn erklären. Ich suchte nach Gründen. Doch selbst das Internet kannte keine Antwort. Schlimmstenfalls, so meinte es, sei ich ein bisschen schwul. Aber warum war ich dann seit meiner Kindheit so gebannt von der Schönheit der Frauen?

Hermann Hesse hatte von »diesem feinen Schmerz des Entbehrens und Alleinbleibens, ohne den nichts Schönes uns berührt« geschrieben. Ich hatte diesen Schmerz ganz ausgekostet. Ich war ständig verliebt und von weiblichen Reizen fast quälerisch gefangen gewesen und war es auch jetzt noch. Vielleicht war es das hohe Podest, auf dem die weibliche Schönheit für mich ruhte. Unberührbar und unerreichbar. Ich kam damit nicht klar. War ich immer zu kurz gekommen und kam jetzt mit der Fülle von Marions Schönheit und Weiblichkeit nicht zurecht? Vielleicht hatte ich auch nur in den Jahren der Einsamkeit zu viele Pornos geschaut, und wollte meine Frau unbedingt mal aus der pornografischen Perspektive erleben.

Oder glaubte ich, meiner großen, sinnlichen Blondine nicht gerecht werden zu können? Hielt ich mich für zu gering? Kam daher der Wunsch, meine Frau mit einem anderen, am besten viel stärkeren Schwanz zu erleben? Glaubte ich, dass sie ein stärkeres Kaliber brauchte? Sah ich in Marion unbewusst etwas Mütterliches, weil sie älter und reifer war als ich? Oder war es einfach der Reiz des moralisch Ungewöhnlichen und Unerlaubten, die pure Lust des Tabus?

Vielleicht lag darin der Kick. Ich wusste es nicht. Ich wusste nicht, woher dieses Verlangen kam, Marion mit ihrem schönen, blonden, reichgeformten Körper mal fremdgefickt zu sehen. Ich wusste nur, dass ich diese Neigung hatte und dass ich es erleben wollte. Und seit meinem Geständnis wusste Marion es auch.

2

Eine tollere Frau als Marion konnte ich mir nicht vorstellen. Meine Fantasien, meine Sehnsucht und Begierde richteten sich nicht auf andere. Doch so reizvoll und begehrenswert Marion für mich auch war, wir hatten ziemlich müden Sex. Und nicht sehr oft. Meist fand er sonntags nach dem Aufwachen statt. Er spielte sich verschämt und versteckt hinter einem verschlossenen Rollladen ab, in einem fast dunklen Schlafzimmer. Vielleicht war er deshalb so müde. Er war uninspiriert. Irgendwie war bei uns der Knoten noch nicht geplatzt, wenn wir uns in der Seele auch noch so sehr liebten. Wir hatten noch nicht ganz zueinandergefunden. Uns noch nicht alles gesagt. Uns noch nicht alles gestanden. Zu vieles spielte sich noch im Geheimen ab, in unseren verschlossenen Köpfen. Wir hatten noch kaum etwas von all den Dingen gewagt, die wir gerne wagen würden …

Es ist eine harte, atemlose Begeisterung, mit der Männer Frauen ansehen. Eine Art anbetende Begierde. Meine richtete sich ganz auf meine Frau. Ich war fast fanatisch auf ihre Reize ausgerichtet. Dennoch hatte ich manchmal Probleme, mich genügend zu erregen. Ich brauchte zusätzliche Reize beim Sex. Und dann, wenn sie gut drauf war und mehr Mut hatte als an anderen Tagen, stimulierte Marion meine Lust, indem sie weiße High Heels mit damenhaften Riemchen anzog. Es waren offene und messerscharfe Schuhe. Wenn sie darin schritt, dann war sie voller Königlichkeit und Sex, voller Unschuld und Reiz, voll scharfer Eleganz und heißer Grazie. In diesen Schuhen hatten ihre Füße eine erregende Nacktheit! Ihre laszive Anspannung und das Geräusch der hohen, vibrierend spitzen Absätze auf dem Fliesenboden machten mich total an. Wenn sie sich dann nackt an den Türrahmen stellte und ihren satten, traumhaften Hintern wölbte, dann konnte ich nicht mehr widerstehen. Ich nahm sie von hinten.

Es war geil, ihre schweren, seidigen Brüste zu packen und zu spüren, wie sie demütig und leicht benommen bei jedem meiner Stöße schwangen. Ich liebte ihre schönen, großen Glocken maßlos. Sie waren mein heiliger und geilster Klang.

An einem frühen Vormittag war ich zu wenig inspiriert, vielleicht noch zu müde für unseren Liebesakt, und mein Schwanz war dabei, aus Marions tropfnasser Enge rauszurutschen ...

Als Buch & E-Book im Handel

Weiterführende Literatur

- Cornely, Analisa: Cuckold Relationship. Discover The Secrets Of Cuckold Addiction In Relationship. Independently Published 2022.
- Curtis, Claire: How to Make Your Husband Love Being a Cuckold! Amazon Kindle 2021.
- Dawson, Chris: Guide to a Cuckold Relationship. Amazon Kindle 2013.
- Hoffmann, Arne: Schatz, ich bin ein Ferkel. Der Wunsch nach Mehr im Bett und wie man es dem Partner sagt. U-Line 2019.
- Kelly, Emma und Scott: Erotic Cuckolding: The Real Guide for Couples. Sex-E-Books 2016.
- Kingston, Shirley: How I Cuckold My Husband: A Real Life Guide. Amazon Kindle 2018.
- Kliffberger, Susanne: Hilfe mein Mann ist ein Cuckold: Ein Ratgeber für Frauen, Männer und Paare. Independently published 2020.
- Lady Candy: Die Erziehung zum Cuckold. Ideen für Femdoms und Geschichten aus dem Leben. Amazon Kindle 2021.
- Lady Sas: 69 Cuckold Spielideen. Create Space 2017.
- Lehmiller, Justin: Tell Me What You Want: The Science of Sexual Desire and How it Can Help You Improve Your Sex Life. Da Capo Lifelong Books 2018.
- Ley, David: Insatiable Wives: Women Who Stray and the Men Who Love Them. Rowman & Littlefield 2009.
- McGonigal, Connor: The Psychology Behind The Cuckold Fetish. How It's Caused, What It Means About You, And How To Change. Independently published 2019.
- Riley, Jenna A.: Wollen Sie teilen? Sechs einfache und hochwirksame Tipps, um deine Swinging, Cuckolding oder Hotwife Fantasie in die Realität umzusetzen. Independently published 2019.
- Rose, Maura: How Should You Bully Your Cuckold?: A Hotwife's Guide. Amazon Kindle 2021.
- Rudder, Marisa: Cuckolding: The Revolutionary Guide. Randall Caruso 2020.
- Sinclair, Allora: Cuckold Conversion Kit for Husbands. Ethically Getting Her From Wife To Cuckoldress. Cuckoo Publishing 2021.
- Sinclair, Allora: Cuckold Conversion Kit for Husbands. Ethically Getting Him To Want And Need A Tiny Cuck Status. Cuckoo Publishing 2021.

- Webber, Kat: How to Get Your Wife to Cuckold: A Couples Guide. Independently published 2017.
- Williams, Kitty: The Cuckold Lifestyle. A Guide for Curious Couples. Amazon Kindle 2013.
- Zengler, Yannick: Die Partnerin mit einem Anderen. Das sexuelle Erregungspotenzial der Cuckold-Fantasie. Psychosozialverlag 2023.

Endnoten

- 1 Vgl. Savage, Dan: Savage Love: Eroticized angst crucial for most cuck kinksters. Online seit dem 27.10.2021 unter https://www.straight.com/living/savage-love-eroticized-angst-crucial-for-most-cuck-kinksters sowie Savage, Dan: Tips for becoming a cuckquean or cuckold. Online unter https://www.thecoast.ca/halifax/tips-for-becoming-a-cuckquean-or-cuckold/Content?oid=27451698.
- 2 Vgl. N. N.: Bull Corner: How to cuckold your husband. Online seit dem 09.10.2016 unter https://anjali69.rssing.com/chan-10243756/article8161.html.
- 3 Vgl. Erhardt, Mimi: Der Sissy Fetisch: Darum geht es bei dem Rollenspiel. Online seit dem 03.07.2021 unter https://www.gq-magazin.de/beziehung-sex/artikel/der-sissy-fetisch-darum-geht-es-bei-dem-rollenspiel.
- 4 Vgl. N. N.: Bull Corner: How to cuckold your husband. Online seit dem 09.10.2016 unter https://anjali69.rssing.com/chan-10243756/article8161.htm sowie N. N.: Cuckolding: Das Spiel mit der lustvollen Eifersucht. Online seit dem 22.6.2018 unter https://www.ajoure.de/lifestyle/liebe-und-beziehungen/cuckolding-das-spiel-mit-der-lustvollen-eifersucht.
- 5 Vgl. Martin, Wednesday: Why Married Couples Are Into Cuckolding. Online seit dem 09.10.2018 unter https://www.refinery29.com/en-us/hotwife-cuckold-married-sex-wednesday-martin-untrue.
- 6 Vgl. Jack: Cuckold Training (Full Guide To Becoming A Cuck). Online unter https://cuckin.com/cuckold-training.
- 7 Vgl. Ley, David: Why Cuckolding Has Become More Mainstream. Online seit dem 20.01.2022 unter https://www.psychologytoday.com/us/blog/women-who-stray/202201/why-cuckolding-has-become-more-mainstream.
- 8 Vgl. Girl on the Net: A Guide To Cuckolding: The Fetish Where You Enjoy Watching Your Partner Have Sex With Someone Else. Online seit dem 27.02.2020 unter https://www.esquire.com/uk/life/sex-relationships/a12119/cuckolding-guide-watch-partner-sex-with-someone-else.
- 9 Vgl. die Bibliografie im Anhang dieses Ratgebers.

- 10 Vgl. Wright, Rachel: What Is Cuckolding, and Why Are People So Turned On By It? Online seit dem 20.08.2021 unter https://sports.yahoo.com/cuckolding-why-people-turned-162656635.html sowie Girl on the Net: A Guide To Cuckolding: The Fetish Where You Enjoy Watching Your Partner Have Sex With Someone Else. Online seit dem 27.02.2020 unter https://www.esquire.com/uk/life/sex-relationships/a12119/cuckolding-guide-watch-partner-sex-with-someone-else.

- 11 Vgl. N. N.: Warum sich manche Männer Untreue von ihren Frauen wünschen. Online ohne Datum unter https://www.focus.de/familie/eltern/eltern-berichten/studie-der-boston-university-sex-trend-cuckolding-warum-sich-manche-maenner-untreue-von-ihren-frauen-wuenschen_id_7826055.html sowie Ogas, Ogi und Gaddam, Sai: A billion wicked thoughts: What the world's largest experiment reveals about human desire. Online ohne Datum unter https://psycnet.apa.org/record/2011-19558-000 sowie Uzer, Ashley: A Guide To Cuckolding, The Incredibly Common Male Fetish No One Talks About. Online seit dem 30.06.2022 unter https://www.mindbodygreen.com/articles/what-is-cuckolding.

- 12 Vgl. Uzer, Ashley: A Guide To Cuckolding, The Incredibly Common Male Fetish No One Talks About. Online seit dem 30.06.2022 unter https://www.mindbodygreen.com/articles/what-is-cuckolding sowie Ullrich, Julia: „Mich törnt es an, wenn meine Frau von einem anderen verwöhnt wird". Online seit dem 27.12.202 unter https://www.20min.ch/story/mich-toernt-es-an-wenn-meine-frau-von-einem-anderen-verwoehnt-wird-285362349961.

- 13 Vgl. Ullrich, Julia: „Mich törnt es an, wenn meine Frau von einem anderen verwöhnt wird". Online seit dem 27.12.202 unter https://www.20min.ch/story/mich-toernt-es-an-wenn-meine-frau-von-einem-anderen-verwoehnt-wird-285362349961.

- 14 Vgl. N. N.: Sexarbeiterinnen sprechen über die beliebtesten Sexfantasien ihrer Kunden. Online seit dem 29.10.2018 unter https://www.focus.de/familie/sexualitaet/panorama-sexarbeiterinnen-sprechen-ueber-die-beliebtesten-sexfantasien-ihrer-kunden_id_9805944.html.

- 15 Vgl. als überblicksartige Zusammenstellung der folgenden Gründe Uzer, Ashley: A Guide To Cuckolding, The Incredibly Common Male Fetish No One Talks About. Online seit dem 30.06.2022 unter https://www.mindbodygreen.com/articles/what-is-cuckolding.

- 16 Vgl. Strong, Rebecca: What Is Cuckolding? Here's What the Experts Say. Online seit dem 14.01.2022 unter https://www.askmen.com/dating/dating_experiences/what-is-cuckolding-everything-to-know-about-this-common-fetish.html.

- 17 Vgl. Gulla, Emily: This is what the cuckolding fetish really is. Online seit dem 20.01.2020 unter https://www.cosmopolitan.com/uk/love-sex/sex/a30547071/cuckold.

- 18 Vgl. Girl on the Net: A Guide To Cuckolding: The Fetish Where You Enjoy Watching Your Partner Have Sex With Someone Else. Online seit dem 27.02.2020 unter https://www.esquire.com/uk/life/sex-relationships/a12119/cuckolding-guide-watch-partner-sex-with-someone-else.

- 19 Vgl. The Editors of Mens Health: What Is Cuckolding? Sex Experts Explain Everything You Should Know. Online seit dem 1.11.2022 unter https://www.menshealth.com/sex-women/a28790785/what-is-cuckolding-fetish.
- 20 Vgl. Steel, Ben: The Cuckold Cover-Up: Dismantling the 4 Big Whoppers. Online ohne Datum unter https://blog.swingtowns.com/swingers/cuckold-whoppers.
- 21 Vgl. Gulla, Emily: This is what the cuckolding fetish really is. Online seit dem 20.01.2020 unter https://www.cosmopolitan.com/uk/love-sex/sex/a30547071/cuckold.
- 22 Vgl. The Editors of Mens Health: What Is Cuckolding? Sex Experts Explain Everything You Should Know. Online seit dem 01.11.2022 unter https://www.menshealth.com/sex-women/a28790785/what-is-cuckolding-fetish.
- 23 Vgl. etwa https://www.deviance.app.
- 24 Vgl. Uzer, Ashley: A Guide To Cuckolding, The Incredibly Common Male Fetish No One Talks About. Online seit dem 30.06.2022 unter https://www.mindbodygreen.com/articles/what-is-cuckolding.
- 25 Vgl. N. N.: How To Get Your Wife To Cuckold You: 6 Things You Must Do. Online ohne Datum unter https://myfemdomrules.com/2020/10/05/how-to-get-your-wife-to-cuckold-you-6-things-you-must-do.
- 26 Vgl. Santos-Longhurst, Adrienne: Everything You Need to Know About Cuckolding. Online seit dem 16.10.2019 unter https://www.healthline.com/health/healthy-sex/cuckolding sowie N. N.: How To Get Your Wife To Cuckold You: 6 Things You Must Do. Online ohne Datum unter https://myfemdomrules.com/2020/10/05/how-to-get-your-wife-to-cuckold-you-6-things-you-must-do.
- 27 Vgl. N. N.: 7 Simple Things You Can Do To Jumpstart Your Wife's Willingness To Sleep With Another Man. Online ohne Datum unter https://www.thecuckoldconsultant.com/articles/7-simple-things-you-can-do-to-jumpstart-your-wifes-willingness-to-sleep-with-another-man.
- 28 Vgl. Santos-Longhurst, Adrienne: Everything You Need to Know About Cuckolding. Online seit dem 16.10.2019 unter https://www.healthline.com/health/healthy-sex/cuckolding.
- 29 Vgl. N. N.: How To Get Your Wife To Cuckold You: 6 Things You Must Do. Online ohne Datum unter https://myfemdomrules.com/2020/10/05/how-to-get-your-wife-to-cuckold-you-6-things-you-must-do.
- 30 Vgl. N. N.: My Cuckold Hypnosis: Turning My Hubby Into A Cuck. Online ohne Datum unter https://cuckin.com/hypnosis.
- 31 Vgl. N. N.: Did Your Wife Give You Objections To Your Fantasy? Online ohne

Datum unter https://www.thecuckoldconsultant.com/articles/did-your-wife-give-you-objections-to-your-fantasy.

- 32 Vgl. N. N.: You Just Want To Sleep With Other Women! Online ohne Datum unter https://www.thecuckoldconsultant.com/articles/just-want-sleep-women.
- 33 Vgl. Uzer, Ashley: A Guide To Cuckolding, The Incredibly Common Male Fetish No One Talks About. Online seit dem 30.06.2022 unter https://www.mindbodygreen.com/articles/what-is-cuckolding sowie Venus Cuckoldress: How to Talk to Your Wife About Your Cuckolding Fantasies. Online ohne Datum unter https://www.sdc.com/cuckold/how-to-talk-to-your-wife-about-your-cuckolding-fantasies sowie Giunto, Eva: How To Ask Your Wife To Be a Hotwife. Online ohne Datum unter https://blog.swingtowns.com/swingers/ask-hotwife.
- 34 Vgl. Hoffmann, Arne: Schatz, ich bin ein Ferkel: Der Wunsch nach Mehr im Bett und wie man es dem Partner sagt. Ubooks 2019.
- 35 Vgl. Marin, Vanessa: How To Explore Cuckolding. Online seit dem 21.09.2016 unter https://www.bustle.com/articles/185252-how-to-explore-cuckolding-humiliation-fetishes.
- 36 Vgl. N. N.: The 4 Pre-Cuckolding/Pre-Hotwifing Stages Every Woman Goes Through Before She Cucks Her Husband. Online ohne Datum unter https://www.thecuckoldconsultant.com/articles/4-pre-cuckoldingpre-hotwifing-stages-every-woman-goes-cucks-husband.
- 37 Vgl. beispielsweise N. N.: Linktipps Cuckolding, Wifesharing & Frauentausch. Online ohne Datum unter https://cuckold.info/linkliste-empfehlungen sowie Sarah: The Cuckold Forums & Chat Rooms We Recommend. Online ohne Datum unter https://cuckin.com/forums-and-chat.
- 38 Vgl. Kerner, Ian: Cuckolding can be positive for some couples, study says. Online seit dem 09.03.2018 unter https://edition.cnn.com/2018/01/25/health/cuckolding-sex-kerner/index.html.
- 39 Vgl. Hall, Ella: Cuckolding: What It Is And Why Some People Love It. Online seit dem 27.08.2021 unter https://www.o.school/article/what-is-cuckolding.
- 40 Vgl. Jack: What To Do When Facing Deep Cuckold Regret and Angst. Online ohne Datum unter https://cuckin.com/regret-and-angst.
- 41 Vgl. Savage, Dan: Tips for becoming a cuckquean or cuckold. Online unter https://www.thecoast.ca/halifax/tips-for-becoming-a-cuckquean-or-cuckold/Content?oid=27451698.
- 42 Vgl. Uzer, Ashley: A Guide To Cuckolding, The Incredibly Common Male Fetish No One Talks About. Online seit dem 30.06.2022 unter https://www.mindbodygreen.com/articles/what-is-cuckolding.

- 43 Vgl. Savage, Dan: Tips for becoming a cuckquean or cuckold. Online unter https://www.thecoast.ca/halifax/tips-for-becoming-a-cuckquean-or-cuckold/Content?oid=27451698.
- 44 Vgl. Strong, Rebecca: What Is Cuckolding? Here's What the Experts Say. Online seit dem 14.01.2022 unter https://www.askmen.com/dating/dating_experiences/what-is-cuckolding-everything-to-know-about-this-common-fetish.html.
- 45 Vgl. The Editors of Mens Health: What Is Cuckolding? Sex Experts Explain Everything You Should Know. Online seit dem 01.11.2022 unter https://www.menshealth.com/sex-women/a28790785/what-is-cuckolding-fetish sowie Piontek, Kyra: Cuckold: Was steckt hinter dem Sex-Trend „Cuckolding"? Online seit dem 29.08.2022 unter https://www.jolie.de/liebe/cuckold-was-steckt-hinter-dem-sex-trend-cuckolding-211622.html.
- 46 Vgl. Hall, Ella: Cuckolding: What It Is And Why Some People Love It. Online seit dem 27.08.2021 unter https://www.o.school/article/what-is-cuckolding.
- 47 Vgl. Jack: What To Do When Facing Deep Cuckold Regret and Angst. Online ohne Datum unter https://cuckin.com/regret-and-angst.
- 48 Vgl. Hall, Ella: Cuckolding: What It Is And Why Some People Love It. Online seit dem 27.08.2021 unter https://www.o.school/article/what-is-cuckolding.
- 49 Vgl. Savage, Dan: Savage Love: Eroticized angst crucial for most cuck kinksters. Online seit dem 27.10.2021 unter https://www.straight.com/living/savage-love-eroticized-angst-crucial-for-most-cuck-kinksters.
- 50 Vgl. Anderson, Davina: How To Cuckold My Husband? Easy Steps. Online seit dem 15.11.2010 unter https://ezinearticles.com/?How-To-Cuckold-My-Husband?-Easy-Steps&id=5386583 sowie Amy: How to cuckold your husband. Ohne Datum unter http://incidentalhotwife.blogspot.com/2015/06/how-to-cuckold-your-husband.html.
- 51 Vgl. Amy: 69 – It's not just a sexual position any more! Online ohne Datum unter http://incidentalhotwife.blogspot.com/2010/02/69-its-not-just-sexual-position-any.html.
- 52 Vgl. N. N.: Bull Corner: How to cuckold your husband. Online seit dem 09.10.2016 unter https://anjali69.rssing.com/chan-10243756/article8161.html sowie Amy: How to cuckold your husband. Ohne Datum unter http://incidentalhotwife.blogspot.com/2015/06/how-to-cuckold-your-husband.html.
- 53 Vgl. Vgl. Savage, Dan: Savage Love: Eroticized angst crucial for most cuck kinksters. Online seit dem 27.10.2021 unter https://www.straight.com/living/savage-love-eroticized-angst-crucial-for-most-cuck-kinksters.
- 54 Vgl. Savage, Dan: Tips for becoming a cuckquean or cuckold. Online unter https://www.thecoast.ca/halifax/tips-for-becoming-a-cuckquean-or-cuckold/

Content?oid=27451698.

- 55 Vgl. VP Jean: Step By Step Instructions How To Cuckold Your Husband Part 2. Online seit dem 13.09.2016 unter https://www.blacktowhite.net/threads/step-by-step-instructions-how-to-cuckold-your-husband-part-2.75321.
- 56 Vgl. Cantarella, Julianne: What is a Cuckold Relationship? Everything You Need to Know. Online seit dem 02.03.2022 unter https://thepleasantrelationship.com/cuckold.
- 57 Vgl. Team Lovepanky: Cuckold Humiliation: What It Is, the Psychology & 34 Ways to Bring It to Bed. Online ohne Datum unter https://www.lovepanky.com/sensual-tease/obsession/cuckold-humiliation-guide sowie Sarah: Cuckold Aftercare & Reclaim Routine. Online ohne Datum unter https://cuckin.com/cuckold-aftercare-and-reclaim.
- 58 Vgl. Piontek, Kyra: Cuckold: Was steckt hinter dem Sex-Trend „Cuckolding"? Online seit dem 29.08.2022 unter https://www.jolie.de/liebe/cuckold-was-steckt-hinter-dem-sex-trend-cuckolding-211622.html sowie Vibes Team: The Fantasy of a Cuckold. What is a Cuckold, and How to do it Right! Online seit dem 22.05.2021 unter https://www.vforvibes.com/cuckold.
- 59 Vgl. zu mehreren in diesem Kapitel verstreuten Vorschlägen Sarah: The Ultimate Hotwife Dares/Challenges. Online ohne Datum unter https://cuckin.com/hotwife-challenges-and-dares.
- 60 Vgl. Jack: Cuckold Training (Full Guide To Becoming A Cuck). Online ohne Datum unter https://cuckin.com/cuckold-training.
- 61 Vgl. McAmen, Adam: What Is Soft Cuckolding / Safe Cuckolding? How To Do? Online ohne Datum unter https://cuckoldclub.net/2022/01/25/what-is-soft-cuckolding-safe-cuckolding-how-to-do.
- 62 Vgl. Wright, Rachel: What Is Cuckolding, and Why Are People So Turned On By It? Online seit dem 20.08.2021 unter https://sports.yahoo.com/cuckolding-why-people-turned-162656635.html.
- 63 Vgl. Wright, Rachel: What Is Cuckolding, and Why Are People So Turned On By It? Online seit dem 20.08.2021 unter https://sports.yahoo.com/cuckolding-why-people-turned-162656635.html.
- 64 Vgl. The Editors of Mens Health: What Is Cuckolding? Sex Experts Explain Everything You Should Know. Online seit dem 01.11.2022 unter https://www.menshealth.com/sex-women/a28790785/what-is-cuckolding-fetish.
- 65 Vgl. McAmen, Adam: What Is Soft Cuckolding / Safe Cuckolding? How To Do? Online ohne Datum unter https://cuckoldclub.net/2022/01/25/what-is-soft-cuckolding-safe-cuckolding-how-to-do.
- 66 Vgl. Piontek, Kyra: Cuckold: Was steckt hinter dem Sex-Trend „Cuckolding"? Online seit dem 29.08.2022 unter https://www.jolie.de/liebe/cuckold-was-steckt-hinter-

dem-sex-trend-cuckolding-211622.html.

- 67 Vgl. McAmen, Adam: What Is Soft Cuckolding / Safe Cuckolding? How To Do? Online ohne Datum unter https://cuckoldclub.net/2022/01/25/what-is-soft-cuckolding-safe-cuckolding-how-to-do.
- 68 Girl on the Net: A Guide To Cuckolding: The Fetish Where You Enjoy Watching Your Partner Have Sex With Someone Else. Online seit dem 27.02.2020 unter https://www.esquire.com/uk/life/sex-relationships/a12119/cuckolding-guide-watch-partner-sex-with-someone-else.
- 69 Vgl. Strong, Rebecca: What Is Cuckolding? Here's What the Experts Say. Online seit dem 14.01.2022 unter https://www.askmen.com/dating/dating_experiences/what-is-cuckolding-everything-to-know-about-this-common-fetish.html.
- 70 Vgl. McAmen, Adam: What Is Soft Cuckolding / Safe Cuckolding? How To Do? Online ohne Datum unter https://cuckoldclub.net/2022/01/25/what-is-soft-cuckolding-safe-cuckolding-how-to-do. Vgl. zu geeigneten Websites N. N.: The Best Dating Websites for Cuckold Couples and Bulls 2021.
- 71 Vgl. MrSmallDick: My Cuckold Humiliation Instructions Will Show You The Truth. Online ohne Datum unter https://cuckin.com/humiliation-instructions.
- 72 Vgl. Bellamy, Becca: 17 Mild Cuckold Humiliation Ideas for Hotwives. Online ohne Datum unter https://cuckoldclub.net/2021/02/18/mild-cuckold-humiliation-ideas-for-hotwives sowie N. N.: 269 Kinky Ideas for cuckold/hotwife couples. Online ohne Datum unter https://lustmoments.com/blog/cuckold-stories sowie N. N.: 69 Ways to Please Your Cuckold. Online ohne Datum unter https://www.sexualmusings.com/69-ways-to-please-your-cuckold sowie Amy: How to make a cuckold squirm (Intense cucking!). Online ohne Datum unter http://incidentalhotwife.blogspot.com/2015/06/how-to-make-cuckold-squirm-intense.html.
- 73 Vgl. Bellamy, Becca: 18 Moderate Cuckold Humiliation Ideas for Hotwives. Online ohne Datum unter https://cuckoldclub.net/2021/02/22/moderate-cuckold-humiliation-ideas-for-hotwives sowie Sarah: List Of Hotwife/Cuckold Fantasies, Scenarios and Ideas. Online ohne Datum unter https://cuckin.com/fantasies-and-ideas.
- 74 Vgl. Bellamy, Becca: 15 Advanced Cuckold Humiliation Ideas for Hotwives. Online ohne Datum unter https://cuckoldclub.net/2021/02/23/advanced-cuckold-humiliation-ideas-for-hotwives sowie Amy: How to make a cuckold squirm (Intense cucking!). Online ohne Datum unter http://incidentalhotwife.blogspot.com/2015/06/how-to-make-cuckold-squirm-intense.html.
- 75 Vgl. Bellamy, Becca: 19 Extreme Cuckold Humiliation Ideas for Hotwives. Online ohne Datum unter https://cuckoldclub.net/2021/02/28/19-extreme-cuckold-humiliation-ideas-for-hotwives sowie N. N.: 269 Kinky Ideas for cuckold/hotwife couples. Online ohne Datum unter https://lustmoments.com/blog/cuckold-stories.

- 76 Vgl. Bellamy, Becca: The Challenges of Finding a Bull/Boyfriend for Your Hotwife. Online ohne Datum unter https://beccabellamy.net/the-challenges-of-finding-a-bull-boyfriend-for-your-hotwife.
- 77 Vgl. Jack: What To Do When Facing Deep Cuckold Regret and Angst. Online ohne Datum unter https://cuckin.com/regret-and-angst.
- 78 Eine gute Übersicht findet man unter https://www.singleboersen-vergleich.de/singleboersen-verzeichnis/kat-testsieger-swinger-kontaktboersen.htm.
- 79 Du findest diese Seite unter https://www.poppen.de/dating/cuckold.
- 80 Vgl. Marin, Vanessa: How To Explore Cuckolding. Online seit dem 21.09.2016 unter https://www.bustle.com/articles/185252-how-to-explore-cuckolding-humiliation-fetishes
- 81 Vgl. Arne Hoffmann: Dreier & Swinging. Blue Panther Books 2091, S. 45–51 sowie Bellamy, Becca: The Challenges of Finding a Bull/Boyfriend for Your Hotwife. Online ohne Datum unter https://beccabellamy.net/the-challenges-of-finding-a-bull-boyfriend-for-your-hotwife sowie N. N.: Finding and Choosing your Bull. Online seit dem 06.03.2018 unter https://cuckoldguide.blogspot.com/2018/03/finding-and-choosing-your-bull.html.
- 82 Vgl. Bellamy, Becca: The Challenges of Finding a Bull/Boyfriend for Your Hotwife. Online ohne Datum unter https://beccabellamy.net/the-challenges-of-finding-a-bull-boyfriend-for-your-hotwife.
- 83 Vgl. N. N.: Finding and Choosing your Bull. Online seit dem 06.03.2018 unter https://cuckoldguide.blogspot.com/2018/03/finding-and-choosing-your-bull.html.
- 84 Vgl. Santos-Langhurst, Adrienne: Everything You Need to Know About Cuckolding. Online seit dem 16.10.2019 unter https://www.healthline.com/health/healthy-sex/cuckolding.
- 85 Vgl. Bellamy, Becca: The Challenges of Finding a Bull/Boyfriend for Your Hotwife. Online ohne Datum unter https://beccabellamy.net/the-challenges-of-finding-a-bull-boyfriend-for-your-hotwife.
- 86 Vgl. Bellamy, Becca: The Challenges of Finding a Bull/Boyfriend for Your Hotwife. Online ohne Datum unter https://beccabellamy.net/the-challenges-of-finding-a-bull-boyfriend-for-your-hotwife.
- 87 Vgl. zum gesamten Kapitel Sarah: How To Avoid Emotional Attachment To Bulls. Online ohne Datum unter https://cuckin.com/avoiding-hotwife-falling-in-love.
- 88 Vgl. Arne Hoffmann: Dreier & Swinging. Blue Panther Books 2091, S. 49.
- 89 Vgl. N. N.: Cuckcake and Bull. Online ohne Datum unter https://www.joyclub.de/magazin/bdsm/bull_cuckcake.html sowie N. N.: Guide to being a Modern Cuckolding BULL. Online ohne Datum unter http://blog.thehoteltransform.com/guide-to-being-

a-modern-cuckolding-bull sowie Welch, Crystal: Master Guide for Bulls Who Delight In Cuckold Couples. Online seit dem 23.01.2022 unter https://cwelchpoly.medium.com/master-guide-for-bulls-who-take-delight-in-cuckold-couples-2900ad42989f sowie Marina: Bull und Cuckcake: Das dritte Rad? Online seit dem 12.09.2020 unter https://www.deviance.app/bull.

- 90 Vgl. Welch, Crystal: Master Guide for Bulls Who Delight In Cuckold Couples. Online seit dem 23.01.2022 unter https://cwelchpoly.medium.com/master-guide-for-bulls-who-take-delight-in-cuckold-couples-2900ad42989f.
- 91 Vgl. Luvr: Bull 101. Online seit dem 24.05.2019 unter https://cuckoldmarriage.info/bull-101.

Weitere erotische Ratgeber:

Wild, verrückt und durchgeknallt ...

Egal welch Mauerblümchen du nach außen hin auch sein magst, tief in dir hast auch du eine animalische Seite.

Analverkehr ist die Chance, deine wilde Seite auszuleben und dich von den Fesseln der Gesellschaft zu befreien.

Lass uns gemeinsam Lust statt Frust und diese animalische Seite des Lebens spüren ...

Deine Tina Rose

Exklusiv & kostenlos für unsere Buchkäufer:

»Von der Ehefrau erniedrigt«
Die erotische Kurzgeschichte & iPad-Gewinnspiel

GRATIS

Kostenlos per Post:

Von der Ehefrau erniedrigt
Arne Hoffmann

Erotische
Kurzgeschichte

8 Seiten

Die Internet-Story
zu dem Buch:
»Cuckolding - Die
Kunst der erotischen
Erniedrigung«

Die Verlosung erfolgt jeden ersten Freitag im Quartal (Datum des Poststempels). Gewinner werden schriftlich benachrichtigt.
Mitarbeiter von blue panther books und deren Angehörige dürfen nicht teilnehmen! Der Rechtsweg ist ausgeschlossen!

❑ Ja, ich möchte am iPad-Gewinnspiel teilnehmen.

❑ Bitte schicken Sie mir die kostenlose Internet-Story »Von der Ehefrau erniedrigt« ausgedruckt per Post an meine folgende Adresse.

❑ Herr ❑ Frau

Name, Vorname

Straße, Hausnummer

PLZ, Ort

Land

Geburtsdatum

E-Mail (für aktuelle Informationen)

Wie haben Sie von diesem Buch erfahren?

Wo haben Sie dieses Buch gekauft?

Infos zur Datenverarbeitung unter: blue-panther-books.de/de/datenschutz.html

Arne Hoffmann - Cuckolding - Die Kunst der erotischen Erniedrigung | 2. Auflage | AH19 | 540

Bitte freimachen falls Marke zur Hand

Antwort

blue panther books
Osterfeldstr. 12-14 | Haus 1 | Nord
22529 Hamburg
Deutschland / Germany